D1665277

Heidi Prochaska

ÄNDERE DICH!
Der Weg zum Erfolg

HEIDI PROCHASKA

ÄNDERE DICH!
Der Weg zum Erfolg

Erste Auflage

1. Auflage Dezember 2009
Urheberrecht 2009 by Heidi Prochaska
Copyright© Alle Rechte beim Atlatus Verlag in 70180 Stuttgart
Autorin: Heidi Prochaska
Buchtitel: ÄNDERE DICH! Der Weg zum Erfolg
Satz: yes or no Media GmbH, D-70180 Stuttgart
Umschlagsgestaltung: Daniela Ölz, A-6923 Lauterach
Lektorat: Nicole de Jong, D-23879 Mölln
Druck und Bindung: CPI – Ebner & Spiegel, Ulm
Alle Rechte der Verbreitung, wie
Funk, Fernsehen, fotomechanische Wiedergabe, Tonträger jeder Art und
auszugsweise Nachdruck, sind vorbehalten.
Verlag Atlatus GmbH, Neue Weinsteige 47–49, D-70180 Stuttgart
Made in Germany
ISBN 978-3-9813203-0-5

Anmerkung:
Auf besonderen Wunsch der Autorin ist in Ausnahmefällen die
deutsche Rechtschreibung übergangen worden, um Wörter
besonders zu betonen oder gesprochene Sprache zu integrieren.

Inhalt

Widmung

Dieses Buch widme ich meinem Meister.
Ich danke dir für meine bisherige Lehrzeit, deinen Glauben an
mich und deine Verlässlichkeit und Unterstützung in guten wie
auch in schwierigen Zeiten.

Dieses Buch ist auch dein Buch.

„Heute bin ich nicht
mehr die, die ich damals
war und in zehn Jahren
werde ich nicht mehr die
sein, die ich heute bin."

Heidi Prochaska

Vorwort

Warum schreibe ich ein Buch?

Vor gut 14 Jahren habe ich eine besondere Ausbildung begonnen. Ich war knapp 30 Jahre alt, stand vor den Scherben einer Beziehung und wusste, dass es so nicht weitergehen konnte. Ich spürte schon lange, dass da etwas in mir steckte, was bisher keinen Raum hatte. Ich begegnete einem Mann, der durch wenige Worte mein Leben auf den Kopf stellte. Ein halbes Jahr später traf ich ihn erneut und wurde seine „Schülerin". Heute bin ich nicht mehr die, die ich damals war und in zehn Jahren werde ich nicht mehr die sein, die ich heute bin. Diese wichtige und interessanteste Zeit meines Lebens stand immer unter dem Motto: ändere dich.

Am Anfang ging es um Äußerlichkeiten, meine Kleidung, meine Frisur, mein Make-up, meine Körperhaltung und meine Außenwirkung. Dann kam das Umfeld dazu. Wie sieht meine Wohnung aus, mein Arbeitsplatz, was für ein Auto fahre ich, mit wem umgebe ich mich? Schließlich standen meine Verhaltensweisen auf dem Prüfstand. Ich arbeitete an Zielen und begann, besser, schneller und exakter zu entscheiden. Ich erhöhte meine Aufmerksamkeit, meine persönliche Energie und Ausstrahlung.

Dabei kam ich immer mit meinem persönlichen Widersacher in Kontakt: meinem Ego. Mich und mein Ego in den Griff zu bekommen, hat mich all die Jahre begleitet und wird nie aufhören.

Mit Hilfe von praktischen Aufgaben, Meditation und angewandter Verursachung überwand ich Hindernisse und entschied mich immer wieder neu, mit ganzer Kraft meinen Weg zu gehen.

Ich lernte, bestimmte Dinge einfach hinzunehmen, während andere geradezu nach Änderungen schrien. Ich habe Erfahrungen gemacht, die weit außerhalb meiner Vorstellungskraft lagen. Es gab ganz wunderbare, sehr glückliche Momente meines Lebens, an die ich mich zu jeder Zeit wieder gerne erinnere und die mir Auftrieb und Motivation geben.

Und ich habe immer einen Menschen an meiner Seite, der mich unterstützt, der viel von mir verlangt und nie an mir zweifelt. Meinen Meister. Ehrlich gesagt, war es nicht immer nur angenehm, aber im Nachhinein möchte ich keine Stunde missen. Die Zen-Buddhisten sagen, das Meister-Schüler-Verhältnis ist das innigste, das es gibt. Ich kann dies bestätigen.

Nach wenigen Jahren habe ich selbst angefangen, Schüler auszubilden. Dabei erlebte ich, wie es ist, die Verantwortung für einen Schüler zu haben, ihm aber gleichzeitig die Eigenverantwortung für sein Leben nicht abzunehmen. Ich sah nun beide Seiten: die des Lehrers und die des Schülers. Ich habe dadurch sehr schnell gelernt, wertfrei hinzuschauen und mich und meine Gefühlslage aus dem Prozess herauszulassen.

Ich wollte schon immer ein Buch schreiben und das weitergeben, was ich selbst erlebt und erfahren habe. Das war eines meiner Ziele in meinem Leben. Deshalb lasse ich Sie jetzt Anteil nehmen an wahren Begebenheiten und Erfahrungen. Es ist keine Beratung und kein Coaching – es ist eine Schüler-Lehrer-Beziehung mit dem einen Ziel, alle Aspekte des Lebens in Besitz zu nehmen und ein wirklich erfolgreiches und glückliches Leben zu „erleben".

Herzliche Grüße

Ihre Heidi Prochaska

www.aendere-dich.de

Danksagung

Im Herbst 2008 habe ich begonnen dieses Buch zu schreiben. Je mehr ich schrieb und je mehr Energie ich investierte, desto mehr Unterstützung bekam ich.

Ich danke meinem Meister, der die Grundlage für dieses Buch geschaffen hat. Ohne ihn hätte ich dieses Buch nicht geschrieben. Seine Ideen, Vorschläge und seine Unterstützung sind maßgeblich für den Erfolg des Buches verantwortlich.

Ohne Brigitte, meiner Verlegerin und Managerin, säße ich wahrscheinlich immer noch in meinem Büro und würde abends vor mich hin schreiben. Ich danke dir für dein Engagement, deine Begeisterung, deine Ideen, deinen strengen Zeitplan und deine Energie, die du in mein erstes Buch investiert hast.

Meine Freundin Annette war immer für mich da, hat mich in stressigen Zeiten bekocht und die Werbemaßnahmen stark vorangetrieben. Ihre Ideen haben mich inspiriert.

Claudia hat nachhaltig meinen Schreibstil geprägt und Struktur in meine Arbeit gebracht. Ich danke dir und Nicola für euer Feedback, euren Glauben an mich und die strenge Durchsicht der Kapitel. Daniela danke ich für das strahlend schöne Cover, die Gestaltung von Plakaten, Heftchen, Postkarten, für das gesamte Layout. Ebenso danke ich Nicole, die mein Buch redigiert hat.

Großen Dank schulde ich meinen Schülern, die ich ausgebildet habe und ohne die das Buch ebenfalls nicht möglich gewesen wäre. Ebenso allen Schülern meines Meisters, die mit mir diese Ausbildung gemacht haben und immer noch machen. Ich danke für die Erfolge, die ich miterleben durfte, die Fehler, aus denen ich lernen konnte und die großen Freuden, die wir gemeinsam miteinander erlebt haben.

Danken möchte ich vielen intensiven Wegbegleitern, Freunden und Menschen, die mir in meinem Leben begegnet sind und mich inspiriert haben. Durch sie bin ich reicher, erfahrener und oft auch glücklicher geworden.

Zum Schluss danke ich meinen Eltern, ihr seid die besten Eltern, die ich mir hätte wünschen können. Gabi, das gilt auch für dich. Du bist meine einzige und beste „Lieblingsschwester".

1

Der Beginn

Thomas – der Suchende

Ich nenne ihn Thomas. Ein ganz normaler Name, ein ganz normaler Typ. Thomas hat Vorstellungen von seinem Leben. Ungefähr weiß er, was er will, wohin er will und wie sein Leben in der Zukunft aussehen soll.

Er will ordentliches Geld verdienen, erfolgreich im Beruf sein und seine Traumfrau kennenlernen, eine Familie gründen und ein bisschen abnehmen. Ja, abnehmen sollte er ein paar Kilo. Mit 40 hört er dann auch auf zu rauchen, denn das hat er sich schon lange vorgenommen.

Alles, was man sich ganz fest vornimmt, schafft man auch – hat sein Vater gesagt. Der muss es wissen, er raucht zwar noch, doch dafür ist er sein ganzes Leben lang immer schlank und rank gewesen.

Trotzdem erscheint Thomas das Leben wie ein einziges Hin und Her von Zufällen und verpassten Möglichkeiten. Er bekommt Jobangebote und ist sich nicht sicher, ob er sie annehmen soll. Er trifft Menschen und weiß die Kontakte nicht zu nutzen. Mal langweilt er sich und kurze Zeit später hat er so viel zu tun, dass er völlig gestresst ist. Gerade wenn er glaubt, jetzt geht es aufwärts, dann bekommt er die versprochene Beförderung nicht, wird versetzt oder ein anderer profitiert von seiner geleisteten Vorarbeit. Immer bekommen die anderen, was sie wollen und er geht leer aus. Irgendwie geht es zwar weiter, aber immer nur zufällig, unbeabsichtigt.

Natürlich weiß sein Chef, dass er mehr Geld verdienen will und Führungsqualitäten sind ihm auch bescheinigt worden, doch es ergibt sich nichts. Auch wegen der Anziehungskraft auf Frauen wäre es nicht schlecht, langsam mal Karriere zu machen. Thomas wird ungeduldig und ist frustriert.

Thomas schwimmt im Strom des Lebens. Er lässt sich treiben, probiert hier aus und testet dort an. Na klar, manches klappt, doch eher unbewusst, zufällig und schon gar nicht zielgerichtet. In seinem Kopf schwirren täglich eine Unmenge von Zielen und Vorstellungen herum. Erfolgreich sein, Geld, nein, viel Geld verdienen, eine wundervolle Frau kennenlernen, im Beruf anerkannt und geschätzt werden, ein dickes Auto fahren und einfach nur Spaß haben und zufrieden sein. Das kann doch nicht so schwer sein. Andere können das doch auch. Im Fernsehen wimmelt es schließlich von solchen Leuten.

Diese Ziele sind realistisch, das will doch jeder. Unzufriedenheit macht sich bei ihm breit. Aber richtig ärgerlich wird Thomas erst, wenn er auf Karin trifft.

Bei ihr sieht alles locker aus. Sie hat einen tollen Job, wahrscheinlich eine glückliche Beziehung und kennt jede Menge interessanter Menschen. Sie strahlt und lacht viel, hat gute Laune und ihr scheint einfach alles zu gelingen.

Scheußlich diese Glückskinder, denen alles in die Wiege gelegt worden ist. Sie hat sicher von klein auf ein tolles, luxuriöses Leben geführt und es viel leichter gehabt wie er. *Hätte ich auch diese Voraussetzungen gehabt, dann wäre natürlich alles einfacher*, dachte er. Ob es wohl irgendwelche Tricks gibt oder diese Zufriedenheit sogar erblich ist? Thomas grübelt. Er ist in einer ganz normalen Familie groß geworden, in der auf den

Pfennig geschaut wurde. Teure Reisen, Designer-Kleidung und anderen Schnickschnack konnten sie sich nie leisten. Bei Karin war das sicher anders.

Thomas seufzt und will gar nicht weiter über dieses Thema nachdenken. Irgendwann wird auch in seinem Leben die große Wende kommen. „Man muss halt Geduld haben", hört er seinen Großvater sagen. Der ist aber bereits tot und hat seine Pläne und seine Wünsche ans Leben mit ins Grab genommen.

„Verdammt", Thomas flucht. Seine Gedanken drehen sich immer im Kreis und um dieselben Themen, Tag für Tag, Monat für Monat. Und wenn er ehrlich ist, schon jahrelang. Er könnte verrückt werden.

Wieso kann er nicht einfach glücklich sein, mit dem was er bisher erreicht hat? Er kann sich eine kleine, recht nette Wohnung und einen gebrauchten Mittelklassewagen leisten. Er fährt jedes Jahr mit Freunden für zwei Wochen nach Italien oder Frankreich in den Urlaub. Eigentlich könnte er die Hände über dem leichten Bauchansatz falten, sich zurücklehnen und auf all die Menschen blicken, denen es nicht so gut geht wie ihm. Sich mit Herrn Müller zu vergleichen, der an der Pforte sitzt, müsste ihn nach diesem Ansatz glücklich machen. Schließlich hat er ein eigenes Büro. Doch selbst wenn er sich richtig Mühe gibt, diese Sichtweise funktioniert bei ihm einfach nicht. Nicht in seiner Situation. Was ist nur los mit ihm? Eines weiß er allerdings genau: Wenn er so weitermacht, wird er irgendwann depressiv.

Karin – die Außergewöhnliche

Karin. Schon wieder fällt ihm Karin ein, diese gutgelaunte, gut aussehende Frau, der scheinbar alles gelingt. Was wäre wohl, wenn er sie ansprechen würde? Doch was soll er, als unscheinbarer Mann, dieser tollen Frau sagen? Nachher glaubt sie noch, er will etwas von ihr. Klar, er würde schon wollen, doch das gehört jetzt hier nicht hin und ist völlig utopisch. In erster Linie will er wissen, wie sie das macht, dieses Strahlen, diese Freundlichkeit, diese Leichtigkeit, mit der sie ihr Leben meistert.

Neid, ist es etwa Neid? – Ja, er ist neidisch! Endlich kann er seinen Frustgefühlen einen Namen geben. Er ist neidisch auf all die Erfolgreichen, Schönen und Reichen. Er ist neidisch auf ihren Besitz und vor allem auf ihre Art. Diese Selbstverständlichkeit mit der ihnen alles gehört, mit der sie alles bestimmen und erschaffen, mit der sie alle delegieren.

Noch weiß Thomas nicht genau, wie und was er werden will. Aber eins wird ihm immer klarer. Er muss etwas ändern und er braucht dazu eine Anleitung. Alleine packt er es nicht. Er nimmt sich vor, Karin beim nächsten zufälligen Treffen anzusprechen. Beruhigt durch seinen Plan, malt er sich aus, was er sie fragen will und wie das Gespräch verlaufen könnte.

Es vergeht ein Tag, zwei Tage, eine Woche, ein Monat. Karin ist wie vom Erdboden verschwunden. Ihre Wege kreuzen sich einfach nicht. Thomas fragt sich allmählich, wieso sein Vorhaben so schwer in die Tat umzusetzen ist. Wieso trifft er Karin nicht? Ist sie umgezogen, verreist oder krank? *Seltsam!* Thomas überlegt und vergleicht diese Situation mit früheren Begebenheiten in seinem Leben. Zum Beispiel die Beförderung, die er sich so sehr gewünscht hatte, die aber sein ehrgeiziger Kollege eingeheimst hat. Er wollte zwar diese Beförderung, aber sein Kollege war mal wieder cleverer und hat die neuen Ideen, die

Thomas nächtelang entwickelt hat, schnell als seine eigenen verkauft. Thomas will zwar immer alles Mögliche, doch es passiert nicht. Gerade so, als wenn ihm das Leben ein Schnippchen schlägt. Seine persönliche Endlosschleife ins Nichts.

Das erste Treffen

Endlich fasst sich Thomas ein Herz und ruft Karin an. Es kommt zu einem ersten Treffen. Leicht und ohne Mühe. Irgendwie hatte er dabei sogar das Gefühl, dass Karin auf seinen Anruf gewartet hat. *Sie war gar nicht überrascht. Komisch!,* dachte er bei sich. Durch sein Zögern und Warten hat er wieder einen Monat Zeit verstreichen lassen, ohne dass er seinen Wünschen einen Schritt näher gekommen ist. So läuft es dauernd in seinem Leben. Zeit vergeht, ohne dass irgendetwas passiert. Gerade so, als wäre das Leben unendlich.

Heute ist der Tag, an dem er Karin trifft. Er ist ein bisschen nervös, denn er will Karin ein paar wichtige Fragen stellen und natürlich einen guten Eindruck machen. Sie ist eine wirklich attraktive Frau und heute besonders schön.

Sie strahlt ihn bei der Begrüßung an und sagt, dass sie sich auf dieses Treffen sehr gefreut hat. *Das fängt ja wirklich gut an,* denkt Thomas. Motiviert legt er los und erzählt von seinem dahin plätschernden Leben. Er gesteht ihr, noch etwas verhalten, seine Sehnsüchte und Wünsche nach Geld, Erfolg und Reichtum. Den Wunsch nach einer tollen Frau lässt er vorsichtshalber erst einmal weg.

Karin hört aufmerksam zu, schaut ihn an und stellt ihm die entscheidende Frage: „Was willst du von mir?" Thomas schluckt und versucht eine Erklärung. „Ich brauche Unterstützung und Hilfe, um so zu werden wie du. Ich möchte auch diese Leichtigkeit in mein Leben bringen und souveräner und cooler werden. Kannst du mir dabei helfen oder kennst du jemanden, der das kann?"

Karin nickt, schaut in die Ferne und ihm dann direkt ins Gesicht: „Ja, das kann ich, denn ich war einmal in einer ähnlichen Situation wie du." Thomas reißt die Augen auf und sieht sie fragend an. Diese Antwort hatte er niemals vermutet. „Ich dachte, du warst schon immer so?", stottert er.

„Nein, ich war früher eine ganz andere Person. Ich habe vor vielen Jahren einen Lehrer gefunden, einen großartigen Mann, der mich gelehrt hat, mein Leben in den Griff zu bekommen. Durch konkrete Zielsetzung und persönliche Änderung bin ich die Frau geworden, die du kennst. Und jetzt gebe ich dieses Wissen an andere weiter. Das ist Teil meines Vertrages, den ich mit dem Leben habe. Lass uns darüber reden, was das für dich bedeuten könnte."

Schüler statt Coachee

Klassischerweise würde ich dir einen Coachingvertrag anbieten, doch ich glaube, dass du etwas Umfassenderes suchst und deshalb biete ich dir an, mein ‚Schüler' zu werden. Das ist eine persönlichkeitsstärkende Ausbildung, die alle Bereiche des Lebens erfasst."

Schüler?! Thomas hört dieses Wort und ihm stockt der Atem. „Ich dachte, ich habe diesen Status schon hinter mir. Ich bin erwachsen und brauche eher einen Berater, jemand auf Augenhöhe, der mir Tipps gibt."

„Außerdem habe ich geglaubt, es geht hier um Respekt. Ich möchte ernst genommen und nicht als Schüler ‚degradiert' werden." Je mehr er sich in dieses Thema hineinsteigert, desto aufgebrachter wird er. Karin lacht ihn an. Ihre Reaktion schürt seine Gefühle nur noch mehr. Er fühlt sich nicht ernst genommen und denkt: *Sie lacht mich aus!*

Karin geht in die Küche, um einen Kaffe zu kochen. In der Zwischenzeit kocht Thomas auch, nämlich innerlich vor sich hin. Als Karin mit zwei Tassen dampfenden Kaffees zurückkommt, spricht sie ihn direkt an: „Hast du gemerkt, was gerade mit dir passiert ist? Du verknüpfst den Begriff des Schülers mit alten, gefühlslastigen Erinnerungen und Bewertungen. Du bist zu mir gekommen, damit sich dein Leben ändert. Die Voraussetzung ist, dass du bereit bist, dich selbst zu ändern. Dazu ist lernen notwendig. Und derjenige, der lernt ist üblicherweise ein Schüler, der Lehrende ist Lehrer."

In der Praxis wird der Lehrende auch immer lernen und der Lernende gleichfalls lehren. Ein Paradox und nicht das einzige, mit dem du es zu tun haben wirst. Lässt du also alle Gefühlsregungen weg, ist die Bezeichnung des Schülers sehr passend. Du kannst sogar noch einen Schritt weiter gehen und stolz darauf sein, offiziell den Status des Schülers zu haben. Mein Lehrer hat einmal zu mir gesagt: Der Sinn des Lebens ist Lernen und Spaß haben." Karin lacht schon wieder.

Dann schaut sie ihn an und sagt: „Atme. Lege deine Hand auf den Bauch, um deinen Atem zu spüren. Nun atme ein und tief und lang wieder aus. Das ist eine schnelle und effiziente Maßnahme, sich zu beruhigen. Sobald du dich aufregst, lenke deine Aufmerksamkeit auf deine Atmung. Einatmen und tief und lang ausatmen. Ausatmen ist wie Loslassen." Thomas tut, was ihm Karin vorgeschlagen hat. Zuerst funktionierte es nicht richtig mit dem Ausatmen, doch nach etwa dreißig Sekunden klappt es schon ganz gut, nach einer Minute ist er bereits ruhig und entspannt. Sein Ärger scheint wie verflogen. *Prima, wie das funktioniert!*, denkt er und wendet sich wieder Karin zu.

Offiziell kannst du mich als Coach und dich als Coachee bezeichnen. Ich selbst habe diese sehr intensive Zeit meiner eigenen Lebensänderung immer unter dem Begriff des Schülers erlebt. Deshalb neige ich zu dieser Bezeichnung und finde sie immer noch sehr passend."

Voraussetzungen für einen Schüler

Kann eigentlich jeder Schüler werden?", fragt Thomas vorsichtig. „Im Prinzip ja. Doch spüre ich sehr schnell, ob es passt und der Schüler stark genug ist", verrät Karin. „Die wichtigste Voraussetzung für einen Schülerstatus ist der Leidensdruck. Wenn sich jemand mit seiner Situation, und sei sie noch so schlecht, arrangiert hat, gibt es kaum Hebel für Änderung. Selbst einem Leben unter der Brücke können wir noch schöne Seiten abgewinnen. Hauptsache, wir müssen nicht ändern."

„Günstig ist ebenfalls ein gewisses Alter, um Schüler zu werden. Ende zwanzig bis Mitte/Ende vierzig ist dafür ein optimales Alter. Davor fehlen die nötigen Lebenserfahrungen und danach bist du meist zu festgefahren. Du wirst unwillig, den bisher eingeschlagenen Weg noch einmal zu verlassen."

Na wenigstens etwas, das auf Anhieb passt, denkt Thomas. Bevor er diesen Gedanken weiter ausspinnen kann, spricht Karin weiter.

Die Methodik des ‚ständigen und stetigen Änderns' wird dich während deines gesamten Schülerdaseins begleiten. Wenn du unter einer Situation leidest, die sich möglicherweise schon ein paar Mal in deinem Leben wiederholt hat, dann werden meine Worte auf fruchtbaren Boden fallen. So leid es mir tut, dies sagen zu müssen, aber erst wenn es richtig weh tut, bist du besonders aufnahmebereit und lernst am meisten."

„Wenn du dein Leben aufmerksam betrachtest, stellst du Folgendes fest: Immer wenn du dich nicht selber änderst, schickt dir das Leben eine Aufgabe in Form eines Problems, in dessen Folge du zu einer Änderung gezwungen wirst. Sei es eine Krankheit, ein Schicksalsschlag, der Verlust deiner Arbeit oder Ähnliches. Ignorierst du diesen Hinweis und änderst dein Verhalten nicht, dann wird es beim nächsten Mal etwas deutlicher, also schlimmer. Wenn du dem Problem ausweichst, indem du einfach nur die Beziehung beendest, den Wohnort wechselst oder den Arbeitsplatz, dann kommen früher oder später dieselben Probleme wieder. Verschärft. Und zwar so lange, bis du entweder dein Verhalten geändert hast oder daran krepierst."

Harte Worte, denkt Thomas. *Wieso krepieren?* Karin hat wohl am Gesichtsausdruck erkannt, was Thomas gerade dachte. Deshalb fährt sie fort: „Die gute Nachricht ist: Wenn du dich selbst änderst, wird das Problem nie wieder in deinem Leben erscheinen. Vielleicht klopft es noch einmal kurz an deine Tür, um zu testen, ob deine Änderung stabil ist. Aber dann ist es für immer weg."

„Und damit hast du gerade den ersten großen Lehrsatz dieser Ausbildung erfahren, aus dem heraus sich alle anderen entwickeln werden: *Jedes Problem wird nur dadurch gelöst, dass du dich SELBER änderst.* Wenn du nur im Außen änderst, kommt das Problem zurück, aber verschärft."

„Muss ich das jetzt aufschreiben?", fragt Thomas mit einem Anflug von Humor. Überraschend ernst antwortet Karin: „Du wirst diese Dinge noch oft genug während deiner Ausbildung hören. Aber richtig: Es ist eine gute Idee, wenn du alles Wesentliche aufschreibst. Wir werden später noch genau auf das Wie und Warum kommen. Hier hast du einen Schreibblock und einen Stift. Schreib auf, was du bisher erfahren hast." Zögerlich nimmt Thomas das angebotene Schreibgerät und fängt an zu schreiben.

Während Thomas versucht, sich an alles zu erinnern, was er die letzte halbe Stunde erfahren hat, fällt ihm selbst auf, dass ihm das Aufschreiben überraschend schwer fällt. Am liebsten würde er nur Kürzel verwenden oder Stichworte hinkritzeln. Eigentlich wäre es ihm am liebsten, er müsste gar nichts aufschreiben. Immer wenn er etwas aufschreibt, hat er das Gefühl, er würde sich zu etwas verpflichten und seine Freiheit aufgeben.

Versuche deutlich zu schreiben. Benutze vollständige Sätze, die alles so direkt und so klar wie möglich wiedergeben. Gib deinen Sätzen eine Ordnung und Struktur. Lass deine Aufschriebe ‚schön' aussehen. Dein Unterbewusstsein liest mit!" Beim letzten Satz spielt ein Lächeln um Karins Lippen.

Widerwillig zerreißt Thomas die erste Seite und fängt noch einmal an. Zuerst erscheint es ihm sehr schwierig, ein System oder eine Ordnung in seine Gedanken zu bekommen. Aber überraschenderweise fügt sich auf einmal alles in eine Form, als er ernsthaft anfängt aufzuschreiben und im Kopf vor zu sortieren. Als Thomas fertig geschrieben hat, ist er über sein „Werk" richtig erfreut und stolz.

„Sieht doch gut aus. Wenn das so weitergeht, werde ich noch ein Buchautor!", sagt er leicht ironisch zu Karin. Die aber bleibt völlig ernst, blickt tief in seine Augen und sagt: „Irgendwann wirst du dich genau an diesen Ausspruch und an diesen Moment erinnern!" Ein Frösteln fährt ihm über den Rücken, doch bevor Thomas nachfragen kann, spricht Karin ganz normal weiter.

„Die Zeit für diesen ersten Termin ist knapp und wir haben noch einige wesentliche Dinge zu bereden, die darüber entscheiden, ob wir weitermachen oder aufhören. Ob du Schüler wirst oder wieder in dein altes und gewohntes Leben zurückkehrst."

Erwartungen und Anforderungen

Was erwartet mich denn als Schüler?" Thomas schaut ein bisschen unglücklich bei der Frage. Er ist sich nicht sicher, ob er die Antwort jetzt schon hören will.

„Ich erwarte deinen vollen Einsatz, denn schließlich geht es um nichts Geringeres als dein Leben. Du stehst die ganze Zeit im Mittelpunkt, es geht um dich, die wichtigste Person deines Lebens." „Geht es vielleicht noch ein wenig konkreter?" Thomas erfasst zwar den Sinn, hat aber noch keine praktische Vorstellung von der Sache.

„Du bekommst Aufgaben, die es zu erledigen gilt und ich führe dich an Kanten und Grenzen. Manchmal musst du springen und Risiken eingehen. Damit erweitert sich dein Horizont und dein Leben wird größer, weiter und reicher. Du tust Dinge, die du dir nicht zu getraut hast und du nimmst immer mehr von deinen Fähigkeiten und Talenten in Besitz. Meine Aufgabe ist es, aufzupassen, dass du nur so weit springst, wie du auch wirklich kannst. Aber auch, dass du wirklich springst. Und nicht nur so tust, als hättest du das bereits hinter dir." Thomas fühlt sich bei diesen Worten ertappt, aber irgendwie auch erleichtert.

Ich als dein Lehrer bin jederzeit für dich da. Du kannst mich anrufen und wir machen regelmäßige Termine, um uns zu treffen. Nutze mich als Feedbackgeber, auch wenn du von mir nicht immer Antworten bekommst, die dir gefallen."

„Was ist mit meinen Erwartungen an diese Ausbildung?", fragt Thomas. „Ich möchte die Sicherheit, dass es mich weiterbringt und mir gut tut." Karin schaut ihn intensiv an. „Das ist eine Frage, die jemand ausspricht, der die Verantwortung für sein Leben abgeben möchte. Oder anders ausgedrückt: Kinder erwarten dies von ihren Eltern. Das klassische Mama-Papa-Syndrom. Nicht, dass wir uns falsch verstehen. Kinder dürfen dies, es ist ihr Recht, dafür sind es Kinder." Karin sieht ihn wieder scharf an. *Wie immer, wenn sie davor steht, etwas Entscheidendes zu sagen*, denkt sich Thomas. „In dieser Ausbildung geht es vor allem auch darum, erwachsen zu werden."

HÄH? Bin ich denn nicht schon alt genug? Noch bevor Thomas seinen Gedanken formulieren kann, spricht Karin weiter: „Die Definition eines Erwachsenen lautet: *Ich übernehme für ALLES, was mir passiert, die komplette Verantwortung.* Nicht nur für das, was ich selbst tue."

„Für wirklich ALLES?", fragt Thomas ungläubig. „Willst du mir denn gar nichts abnehmen? Schließlich wirst du mein Lehrer und irgendeine Aufgabe musst du doch auch übernehmen. Wenn ich alles alleine machen soll, dann brauche ich dich nicht!"

„Richtig!", sagt Karin. „Eigentlich brauchst du niemanden, um ein glückliches, erfülltes Leben zu führen. Denn alle Fähigkeiten, die du benötigst, hast du bereits. Meine Aufgabe ist es, dich anzuleiten und dir deine eigenen Fähigkeiten klar zu machen, damit du sie auch benutzen kannst. Ich bringe dich vom Wissen zum Tun. Ich schaue von außen drauf und gebe dir wertfreie Rückmeldungen. Ich passe auf dich auf, treibe dich wenn nötig an und habe keine Probleme, dir unliebsame Wahrheiten zu sagen. Und ich zeige dir Möglichkeiten auf, wie du damit umgehen kannst."

Thomas hängt wie gebannt an Karins Lippen, während sie weiter redet: „Ich muss dich nur anschauen, dann sehe ich genügend Potenzial und Möglichkeiten. Ich lehre dich, Ziele zu finden und zu erreichen. Bist du erst einmal auf diesem Weg, dann passiert eine Menge. Und zwar viel mehr, als du dir momentan vorstellen oder direkt beeinflussen kannst. Das nennt man ‚Verursachung' und ist eine Form von praktischer Magie. Andere nennen es angewandte Chaostheorie. Wie auch immer: Es ist ein Trugschluss zu glauben, dass nur noch das geschieht, was du dir momentan vorstellen kannst. Und dass alles jenseits deiner Vorstellung auch jenseits des Erreichbaren liegt."

„Und wie soll das gehen?", murmelt Thomas. „Indem du lernst, erst einmal kleine Aufgaben zu meistern!", antwortet Karin. „Mit der Zeit wachsen dein Mut und dein Vertrauen und das Leben stellt dir höhere Herausforderungen. Du erhältst auch einen größeren Preis, sobald es gelungen ist. Die Währung ist Lebensglück. Je öfter dir etwas gelingt, das du vorher nicht geschafft hast, desto mehr Lebensglück wird sich auf deinem Konto ansammeln. Egal, was auch geschieht und welches Problem in dein Leben tritt, als Schüler wirst du sicher damit fertig werden – das ist die Essenz."

„Gilt das mit dem Konto nur für Lebensglück oder auch für mein Bankkonto?", schießt es aus Thomas heraus. Karin zögert keinen Augenblick: „Wenn du das tust, was du am liebsten tust, wenn du änderst, dein Ego im Griff hast, Wissen zu Tun wandelst und Probleme schon dann löst, wenn sie noch nicht weh tun, dann hat auch dein Bankkonto gar keine andere Wahl, als mit zu wachsen."

Ziele der Ausbildung

*D*as hörte sich vielversprechend an. *Mit Karin Ziele erreichen –* das konnte er sich vorstellen. Was Karin betraf, schlugen seine Wünsche Purzelbäume. Sie sah einfach zum Anbeißen aus. Wow! Die Strenge gepaart mit ihrer erotischen Ausstrahlung. Karin hatte ihm gerade eine Frage gestellt, die er überhaupt nicht gehört hatte. „Thomas, HALLO, ich hätte gerne, dass du mir zuhörst."

Ja, er war wieder da und schaute sie an. „Ziele", sprach Karin, „sind der Motor unseres Lebens. Wenn ich mit dir arbeite, werden wir uns deinen Zielen widmen."

„Aber ich habe doch gar keine richtigen Ziele, eher Wünsche und Vorstellungen. Ich will mal dies und mal das. Und manches trifft ein, aber vieles auch nicht."

„Genau aus diesem Grund ist dieses Thema ja so wichtig. Höre dich einmal um, wer von deinen Freunden klare Ziele für sich formulieren kann. Du wirst feststellen, dass das die wenigsten können. Viele Menschen lassen sich leiten und reagieren nur zufällig. Ziele zu haben, ist mit eine Voraussetzung für Geld, Erfolg und Souveränität."

„Wann fangen wir damit an?" Thomas war wieder ganz bei der Sache und wollte am liebsten sofort loslegen. „Sobald wir einen Vertrag geschlossen haben", antwortete Karin. „Wenn wir miteinander arbeiten, müssen die Konten ausgeglichen sein. Du musst etwas geben, um etwas bekommen zu können. Wenn du Viel willst, musst du Viel geben. In alten Zeiten haben die Schüler oder Jünger des Meisters Haus, Hof und Großmutter verlassen, um dem Meister zu folgen. Sie haben Essen besorgt, Holz gesammelt, sich um eine Schlafstelle gekümmert. Rund um die Uhr. Sie haben Lebenszeit gegeben. Und dafür gelernt. Bis sie selbst Meister wurden und das Rad der Lehre sich eine

Umdrehung weiter gedreht hat. Heute geht das nicht mehr, die Zeiten sind schneller und interessanter, die Menschheit und das einzelne Individuum machen sehr viel größere und schnellere Fortschritte als früher."

Aber immer noch gilt die alte Regel, dass der Meister mit der Lebenszeit der Schüler bezahlt wird. Heutzutage ist das Geld, ein Synonym für Sicherheit, Stabilität und Überleben. Deshalb wirst du mich bezahlen. Den Betrag bestimmst du. Aber bedenke: Ich bin teuer und du willst viel. Die Bezahlung soll wehtun, und darf nicht einfach aus der Portokasse beglichen werden. Du wirst mir einen Betrag nennen und wenn dieser stimmt, wirst du es tief im Inneren selbst wissen. Und ich werde wissen, dass er stimmt. Und um dich zu überzeugen, kann ich diesen Betrag zweifelsfrei abtesten."

„Was ist, wenn mir der richtige Betrag nicht einfällt?" Thomas ist sehr verunsichert. „Dann wird nichts aus unserer Vereinbarung. Aber mach dir keine Sorgen, wenn diese Ausbildung für dich bestimmt ist, dann wird dir das Leben helfen. Und jetzt haben wir genug geredet. Du hast deine erste Aufgabe. Finde den richtigen Betrag. Wenn du soweit bist, melde dich wieder."

Der Kontenausgleich

Auf dem Weg nach Hause ließ er das Treffen mit Karin Revue passieren. Er war verblüfft und gleichzeitig fasziniert, von dem was er gehört hatte. *Sie war früher ganz anders* – dieser Satz kreiste noch in seinem Kopf. Das hieß für ihn: *Das Lächeln und diese Ausstrahlung sind tatsächlich erlernbar.* Wahrscheinlich nicht so, wie er das aus Schule und Studium kennt, sondern anders.

Und sie hatte eine merkwürdige Vorwarnung zum Thema Änderung ausgesprochen: „Das Ego ist immer angepisst über Änderung." Als er sich darüber mokierte, dass „*angepisst*" kein sehr nettes Wort sei, hat sie erwidert: „Mein Meister hat diesen Zustand in seiner blumigen Art immer mit diesem Wort beschrieben. Wenn es dich zu sehr stört, dann werde ich ab jetzt von einem ‚gereizten Ego' sprechen. Ich meine aber immer dasselbe. Du wirst während der Ausbildung öfter ‚gereizt' oder zornig sein. Vor allen Dingen auf mich. Und zwar immer dann, wenn du tatsächlich ändern sollst. Sogar die anderen Menschen in deiner Umgebung werden ‚gereizt' reagieren. Und zwar nur, wegen deiner Änderungen."

Merkwürdig, aber so nett und klar wie Karin ist, braucht er sich sicherlich keine Sorgen machen, dass sie ihm das wirklich übel nehmen würde, falls er einmal „gereizt" wäre. Und die Meinung fremder Leute hat ihn eh nie interessiert. Außerdem ist er ja ein ordentliches Mannsbild und hält einiges aus.

Die Sache mit dem Kontenausgleich machte ihm mehr Sorgen. *Sie gibt mir etwas, was mir laut ihren Aussagen nicht immer und unbedingt gefällt und ich soll auch noch dafür zahlen, ohne Erfolgsgarantie.* Und dann gab es da noch einen Nachsatz zum Kontenausgleich. „Die Höhe der Bezahlung sollte wehtun." *Das heißt der Ausgleich soll so hoch sein, dass ich in eine druckvolle Situation komme, die Anweisungen und Aufgaben von Karin tatsächlich auszuführen.* So etwas Verrücktes hatte er im Leben noch nicht gehört. Andererseits erschien es ihm wiederum logisch. Das Verweigern und Nicht-Tun kannte er schließlich seit Jahren. Er hatte seine selbst auferlegten Neuerungen und Maßnahmen nie lange durchgehalten.

Thomas Entscheidung

All diese Gedanken begleiteten ihn die drei Tage bis zum nächsten Termin mit Karin. Diesmal war er nicht nervös aufgrund seiner hormonellen Wallungen, sondern weil er eine Entscheidung getroffen hatte. Eine Entscheidung für Änderung. Eine Entscheidung unter Ungewissheit und eine Entscheidung für sich selbst. Karin legte ihm die Hand auf die Schulter und sagte: „Diese erste Aufgabe ist die erste wichtige Schüleraufgabe. Sie ist weder trivial noch einfach. Die nächsten Aufgaben werden erst einmal einfacher sein. Aber wer die erste Aufgabe nicht meistert, der wird auch die weitere Ausbildung nicht durchhalten. So ist meine Erfahrung."

Thomas hatte einen Betrag im Kopf, der für seine Verhältnisse ziemlich hoch war. Seine Gedanken liefen immer in dieselbe Richtung: *Ist das nicht zu viel? Was bekomme ich dafür? Reicht nicht auch die Hälfte? ...*

Aber letztendlich hat er doch auf seine innere Stimme gehört und den richtigen Betrag gefunden, wenn auch unter großen Mühen. Der Test verlief so eindeutig positiv, dass auch für Thomas keine Zweifel übrig blieben.

Thomas war klar, hier begann das größte Abenteuer seines Lebens. Um den Ausgang abzusichern, fragte er doch noch mal nach der Erfolgsgarantie. „Erinnere dich an die Definition des Erwachsenwerdens", riet Karin. „Wenn du für alles, was in deinem Leben geschieht die Verantwortung übernimmst, wer könnte dir dann eine Erfolgsgarantie geben?" Er nickte und fühlte sich gut. Er hatte eine große Entscheidung getroffen und spürte eine noch nie wahrgenommene Stärke in sich.

Thomas wurde es ganz warm ums Herz. Am liebsten hätte er Karin einfach in den Arm genommen, aber er traute sich nicht.

Mit dieser Frau ist es ein bisschen wie Achterbahn fahren. Mal übermannen ihn Liebesgefühle und dann wiederum ist das, was sie sagt, kühl und hart und die Liebesgefühle verschwinden wieder.

2

Die Basis

Die ersten Aufgaben

Thomas saß an seinem Schreibtisch und schrieb auf, was Karin ihm beim letzten Treffen gesagt hatte. Seine Aufgabe ist es, Gedanken, wichtige Sätze und Erkenntnisse in einem eigenen Buch festzuhalten. Diese Zusammenfassungen würden zu seinem persönlichen Nachschlagewerk werden und seine Entwicklung dokumentieren.

Ein zweites, besonders schönes Buch, sollte zu seinem Wunschbuch werden. Hier durfte er kreativ sein. Schreiben, malen, zeichnen oder auch einkleben von Bildern aus Zeitschriften und Magazinen war die Aufgabe. Alles, was er sich wünschte, sollte ein Bild bekommen, ob es sich um einen Waschbrettbauch handelte, eine Reise oder eine Harley Davidson. Sammeln, ausschneiden oder möglichst genau beschreiben, war das Ziel. Je mehr, je teurer und je großartiger, desto besser.

Visualisiere deine Wünsche möglichst gut", hatte Karin ihm erklärt. „Wenn du zum Beispiel eine andere Figur haben willst, suche dir ein Bild von jemandem, der deine Wunschfigur hat, schneide das Bild aus und hänge es dir dorthin, wo du es jeden Tag mindestens einmal siehst. Ein guter Ort ist die Innentür deines Kleiderschrankes oder der Spiegel im Bad. Mit der Zeit wirst du das Bild nicht mehr bewusst wahrnehmen, es wird Teil deines Inventars. Aber dein Unterbewusstsein sieht es jeden Tag und nimmt es als Wunsch auf. Deine Handlungen und Entscheidungen werden sich ändern, Verursachungen treten in Kraft, ‚Zufälle' und ‚glückliche Umstände' werden sich häufen. Auf diese Weise kannst du dein Ziel erreichen."

„So einfach soll das funktionieren?", fragte Thomas fasziniert und malte sich gedanklich bereits eine ganze Plakatwand in seinem Schlafzimmer aus. „Ja ", erklärte Karin, „das Visualisieren hilft dir, dein Unterbewusstsein zu beeinflussen. Aber das Wichtigste an der Sache ist", Karin hob die Stimme und schaute ihm tief in die Augen, „Du musst bereit sein, alles dafür Notwendige zu tun, um dein Ziel zu erreichen. Und damit sind wir wieder bei dem Thema Änderung …" *Wäre ja auch zu einfach gewesen*, dachte Thomas. Statt der plakatierten Schlafzimmerwand würde er erst einmal einige wenige Bilder aufhängen. Schaden kann es ja nicht. Und dann würde er schon sehen, wie viel Aufwand ihn „das notwendige Tun" kostet.

Nach dem Treffen ging Thomas hoch motiviert nach Hause. Auf dem Heimweg am Kiosk wurde er schnell fündig. Bewaffnet mit einem Laufmagazin und einem Fitnessratgeber machte er sich an die Arbeit. Das Projekt Visualisierung des Waschbrettbauches hatte begonnen.

Drei weitere Termine hatte er mit Karin ausgemacht. Am kommenden Samstag werden sie sich zum dritten Mal treffen. Bis dahin wollte er etwas Vorzeigbares präsentieren.

Karin eröffnet die Zusammenkunft gleich mit neuen Aufgaben: „Der persönliche Kontakt zwischen uns beiden ist sehr wichtig für unsere Zusammenarbeit, ebenso wie regelmäßige Telefonate." Sie greift in ihre Tasche und gibt ihm ihre Visitenkarte. „Auf dieser Karte ist auch meine persönliche Handynummer. Unter der bin ich 24 Stunden am Tag erreichbar, jeden Tag der Woche. Aber ruf mich bitte nur im Notfall außerhalb der üblichen Geschäftszeiten an!", sagt sie schmunzelnd. Thomas nimmt die Karte und schreibt in großen Buchstaben: *Nur im Notfall anrufen!!* darauf. Dann steckt er sie in das Seitenfach seiner Geldbörse. *Wer weiß, wann ich sie mal brauchen kann ...*

„Das soll nicht heißen, dass du mich NUR im Notfall anrufen sollst. Ich möchte, dass du mich mindestens alle zwei Tage anrufst", sagt Karin freundlich, aber bestimmt. Sie machte dieses strenge Gesicht dazu, das Thomas schon kannte, wenn sie keinen Widerspruch duldete. Trotzdem platzt es aus ihm heraus: „Wie, jeden zweiten Tag? Ich weiß gar nicht, was ich dir alles erzählen soll. So viel passiert bei mir nicht." Karin musste innerlich lächeln. *Komisch,* dachte sie, *das kenne ich doch irgendwo her. Ich habe damals meinem Meister auch versucht zu erklären, dass einmal die Woche anrufen ausreicht, eben abhängig von meiner jeweiligen Gefühlslage.*

Laut zu Thomas gewandt sagt sie: „Noch mal, der persönliche Kontakt ist wichtig, ebenso Telefonate, um schnell reagieren zu können. Erzähle mir von den Dingen, die dich bewegen, die dir passieren und über die du nachdenkst", ermuntert ihn Karin. „Ich möchte wissen, wie es dir geht und was du tust. Dein Ziel ist die Beschreibung eines Problems oder Sachverhaltes in drei Minuten."

„Wieso drei Minuten? Meine Probleme sind so komplex, dafür brauche ich Stunden", protestiert Thomas. *Jetzt zahle ich so viel für diese Ausbildung und soll meine Probleme in drei Minuten abhandeln. Na das kann ja heiter werden!*

Zuerst denken und dann in einfachen klaren Sätzen sprechen, ist eine unglaublich effiziente Übung und beschreibt neben dem Problem gleich die Lösung", sagt Karin, während Thomas in seine Gedanken versunken vor sich hin brummelt. Er schüttelt den Kopf. „Ich muss einfach länger reden, sonst fehlen wichtige

Aspekte und es wird total oberflächlich. Will ich dir wirklich genau sagen, was mich bedrückt, muss ich ausholen und brauche meine Zeit …"

Abrupt stoppt Karin mit einer schnellen Handbewegung seinen anschwellenden Redefluss: „Erstens: Probiere die effiziente Problembeschreibung bei der nächsten Gelegenheit aus und zweitens hast du in den letzten zwei Sätzen zweimal das Wort ‚muss' gesagt. Ab sofort gehört dieses Wort nicht mehr zu deinem Sprachschatz. Du musst gar nichts. Tausche das Wort ‚muss' gegen das Wort ‚will'. Ich will, hört sich gleich ganz anders an und du übernimmst direkt Verantwortung."

Ich muss gar nichts. Thomas lässt sich diesen Satz auf der Zunge zergehen. *Recht hat sie.* Karin zögert und korrigiert sich: „Es stimmt nicht ganz, denn es gibt eine Ausnahme." „Ich weiß schon", entgegnet Thomas, „Ich muss sterben. Diese Ausnahme kenne ich."

„Stimmt", antwortet Karin, „doch das meine ich nicht. Du musst unausweichlich die Konsequenzen deines Handelns und deines Nicht-Handelns tragen. Wie du schon weißt, verantwortet ein Erwachsener ALLES, was er Tut und damit auch alles, was er nicht Tut. Entscheidest du dich für das Handeln bist du Schöpfer, lässt du andere für dich entscheiden, wirst du zum Opfer. Die Konsequenzen musst du in beiden Fällen tragen und verantworten. Also überlege, welche Version dir lieber ist."

So oder so trage ich die Konsequenzen meines Tuns. Es ist immer leicht zu reden, wenn man nicht in der Situation steckt. Aber manchmal kann ich gar nichts dafür und … Thomas Gedankenradio wird jäh unterbrochen, denn Karin kommt aus dem Nebenzimmer zurück. Sie ist barfuß und mit einem schwarzen Kimono bekleidet. Er hatte gar nicht bemerkt, dass sie aufgestanden war und den Raum verlassen hatte. Erstaunt blickt er sie an.

Einführung in die Meditation

Thomas bekommt ebenfalls einen schwarzen Kimono, den er nach Anweisung speziell zubindet. Im Dojo, einem Meditationsraum, liegen zwei Kissen vor einer weißen Wand auf Bastmatten, den so genannten Tatamis. Karin erklärt ihm, dass man ein Dojo immer mit dem linken Fuß zuerst betritt und als Geste der Ehrfurcht und des Respekts sich mit gegeneinander gehaltenen Händen leicht verbeugt. Die Sitzhaltung während der Meditationszeit ist besonders wichtig. Aufrecht muss sie sein, mit einem ganz geraden Rücken, der sich bis in die Nackenwirbelsäule fortsetzt. Das Kinn wird auf die Brust gezogen. Thomas nimmt auf einem kleinen runden, platten Kissen im Schneidersitz Platz. Fortgeschrittene sitzen im Lotossitz, aber den schafft Thomas einfach nicht. „Macht nichts", sagt Karin, „sogar in Japan gibt es nicht mehr viele, die das können. Es ist eine Frage der Ausdauer und der Übung. Solange du den Rücken gerade hältst und die Knie den Boden berühren, bist du in der richtigen Position."

Thomas wird von Karin sanft, aber bestimmt zurechtgerückt, bis er sitzt, als hätte er einen Stock verschluckt. Er getraut sich kaum zu atmen, obwohl Atmen das einzige ist, was er in dieser Position tun darf. Nach zwei Minuten absolut bewegungslosem Sitzen vor einer weißen Wand fängt sein linkes Ohr an zu jucken, der rechte Fuß schläft ein und Thomas wartet nur noch auf die Erlösung. Er reißt sich zusammen, konzentriert sich entsprechend Karins Anweisung auf seine Atmung, vor allem auf die Ausatmung. Und es geht ein bisschen besser.

Seine Gedanken sausen von einem Thema zum nächsten: *Wann ist diese Übung endlich vorbei, was gibt es gleich zu essen, ruft der wichtige Kunde morgen an, wann ist die schlechte*

Laune seines Chefs vorüber, ob Karin ihn gleich noch einmal so sanft anfasst ... Gedanken über Gedanken. Wie soll er dieses Geplapper in seinem Kopf je abstellen? *Leere* – Leere durch das Vorüberziehen lassen von Gedanken und Energie-Tanken durch bewusste und lange Ausatmung, das ist der Sinn dieser Zen-Meditation. Thomas ahnt, von diesen Zielen ist er noch weit entfernt.

Als Karin die Meditation beendet, braucht er eine Weile, um aufzustehen. Sein rechtes Bein ist komplett taub und damit instabil. Karin übereicht ihm mit einer Verbeugung ein schwarzes Sitzkissen. „Dieses Zafu ist ab heute dein eigenes Meditationskissen. Suche dir einen Ort in deiner Wohnung vor einer weißen Wand. Dein Zafu braucht einen festen Platz. Dort meditierst du jeden Morgen direkt nach dem Aufstehen. Beginne mit 15 Minuten. Achte darauf, dass dieser Platz immer sauber und aufgeräumt ist." „Könnte ich auch abends meditieren?" Thomas weiß, dass ihm das frühe Aufstehen schwer fallen wird. „Ja, vor dem Einschlafen ist das Meditieren ebenfalls gut. Aber morgens ist es besser, das gibt dir innere Stärke für den ganzen Tag."

„Darf ich noch eine Frage stellen, bevor ich gehe?" Karin nickt nachsichtig. Schüler wollen immer alles ganz genau wissen. Sie erinnert sich an ihre Anfänge. Sie hätte am liebsten alles dauernd hinterfragt, doch ihr Lehrer ließ das nur zu, wenn er in Redelaune war. Sie wusste zu genau, wie frustrierend das sein konnte.

„Was ist Sinn und Zweck der Meditation? Sicher ist es gut, zur Ruhe zu kommen, doch was steckt noch dahinter?"

Meditation erleichtert es, den nötigen Abstand zu sich selbst zu gewinnen. Du bist in der Lage, dich und dein eigenes Verhalten ‚von außen' zu betrachten. So als könntest du dir quasi selbst zusehen. In dieser Geisteshaltung bist du nicht mehr Sklave deiner Gefühle und Gedanken. Mein Meister pflegt zu sagen: ‚Wir sind nicht für unsere Gedanken oder Gefühle verantwortlich, denn diese können wir nicht kontrollieren, aber für unser Handeln und unsere Taten'. Meditation schafft den Abstand von Gedanken und Gefühlen. Erst diese Distanz erlaubt dir, situationsbezogen und angemessen zu handeln." Thomas nickt bedächtig und Karin fährt mit ihrer Antwort fort.

„Je länger du meditierst, desto leichter wird es dir fallen, dich an diesen meditativen Zustand zu erinnern. Du kannst in diese Erinnerung jederzeit hineinspringen, egal, womit du beschäftigt bist. Ein Beispiel: Du sitzt in einer kontroversen Besprechung und bist dabei, dich vor lauter Aufregung um Kopf und Kragen zu reden. Das ist eine perfekte Gelegenheit, dich daran zu erinnern, wie sich Meditation anfühlt. Du beginnst zu atmen, wirst ruhig und gelassen und kannst dich und deine Umgebung mit Abstand betrachten. In voller Aufmerksamkeit. Dasselbe funktioniert beim Autofahren, Laufen, Kochen, Sex ..."

Upps, hatte Karin gerade von Sex geredet? Aber bevor Thomas das Thema vertiefen konnte, hatte ihn Karin verabschiedet. Thomas nimmt sich fest vor, bei einem der nächsten Termine noch einmal darauf zurückzukommen.

Ordnung bringt Klarheit

Karin parkt ihr Auto auf dem Seitenstreifen und schaut sich um. Hier also wohnt Thomas. Es ist eine ruhige Straße in einer Wohnsiedlung. Das Haus ist gepflegt und macht einen ordentlichen Eindruck. Die Worte „unauffällig" und „sparsam" kommen ihr in den Sinn, als sie den Vorgarten durchquert. Sie klingelt und betritt erwartungsfrei sein Zuhause. Thomas hingegen ist leicht angespannt. Selten kommt ihn jemand besuchen. Seine emsige Geschäftigkeit vor dem Termin erinnert ihn an seine Mutter, die immer besonders intensiv putzte, wenn Besuch kam. Er saugte, wischte und räumte gründlich auf. Er wollte auf jeden Fall eine positive Reaktion von Karin. „Du hast einiges getan", bemerkt Karin verschmitzt, als er sie ein wenig stolz durch seine Wohnung führt. „Wie sieht es denn sonst bei dir aus?" „ Na ja", gesteht Thomas zögernd, „vielleicht nicht immer ganz so ordentlich. Manchmal habe ich halt keine Lust zu wienern und alles sofort wegzuräumen. Dann bleibt es ein paar Tage liegen, bis ich Zeit finde, alles zu versorgen."

„Wann fühlst du dich wohler in deinen vier Wänden?", fragt Karin, „wenn alles klar und sauber ist oder in einer gewissen Unordnung?" Thomas denkt kurz nach, denn so eine kleine Unordnung hatte für ihn auch etwas Gemütliches und Persönliches. Dann erinnert er sich an das Meditieren und stellt fest, wie wichtig es ist, dass alles klar und ordentlich ist. *Ist die Umgebung klar, klären sich auch meine Gedanken. Ordnung in meinem Leben hat wahrscheinlich Einfluss auf alle Lebensbereiche.* Er erzählt Karin von seinen Erkenntnissen und erntet Zustimmung. Diese angenehme Atmosphäre wird jäh unterbrochen, als Karin einen Blick auf Thomas Schreibtisch wirft.

Ein Schreibtisch, der als solcher kaum zu erkennen ist, da sich dort haufenweise Papiere, Zeitschriften, CDs, Stifte und Bücher stapeln. Auch unter dem Schreibtisch findet sich eine ansehnliche Blättersammlung. Karin reißt die Augen auf – nicht vor Begeisterung, sondern weil sie diesen Verhau nicht im Schlafzimmer vermutet hätte.

Oh, oh, denkt Karin, *hier ist dringender Handlungsbedarf.* Karin beobachtet Thomas. „Denkst du auch, was ich denke?" Thomas schnaubt: „Ja, wahrscheinlich erzählst du mir gleich, dass der Schreibtisch im Schlafzimmer nichts zu suchen hat und woanders hin muss. Aber so groß ist meine Wohnung nicht.

In das Wohnzimmer passt er auf keinen Fall und es sieht auch wirklich blöd aus, das habe ich schon einmal ausprobiert."

Karin lässt sich von Thomas Argumenten nicht beeindrucken. War das doch erst der Beginn einer kleinen Änderung in seinem Leben. „Weißt du was", sagt sie zu Thomas, „ich gebe dir jetzt ein halbe Stunde Zeit, derweil setze ich mich ein bisschen in die Sonne und du überlegst dir, wie du das Problem Schreibtisch löst." *Ja, super*, dachte Thomas, *sie meckert und ich soll's lösen. Ich weiß genau, warum der Schreibtisch im Schlafzimmer steht, wenn Besuch kommt und ich vorher keine Zeit habe, muss nicht jeder gleich mein Chaos sehen. Ich kann einfach die Türe zu machen …*

Thomas schüttelt sich bei diesem Gedanken und grinst, denn er hatte sich selbst überführt. Der Schreibtisch im Schlafzimmer hat ihn schon immer gestört, aber irgendwie hatte er nie Lust, das Thema anzugehen. Im Wohnzimmer fällt sein Blick auf den in der Ecke stehenden, vertrockneten Ficus Benjamini. Im Moment wohl eher ein Ficus Jammermini.

Warum eigentlich nicht? Wenn ich den Ficus neben den Esstisch stelle, bekommt er noch genug Licht und der Schreibtisch würde ganz gut in die Ecke passen. Mit dieser Lösung geht er zu Karin. „Komm, ich glaube ich hab eine Idee, das könnte klappen." Karin schaut anerkennend. „Wow, du bist schnell, zehn Minuten früher als geplant." Beide lachen.

Zwei Dinge haben gestört: Das Schlafzimmer als Ort der Ruhe mit seinem Meditationsplatz ist nicht der richtige Raum für eine Arbeitsecke. Und ein Schreibtisch ist zum Arbeiten da, nicht zum Ablegen. Die Schreibtischfläche muss frei sein.

Die Wohnung von Thomas ist nicht groß und die Möglichkeiten für einen neuen Schreibtischplatz begrenzt. Durch weniger Möbel im Wohnzimmer findet Thomas mit Karin eine kreative

Lösung, die zu einem ganz neuen Gesamteindruck führt. Schlussendlich wanderten zwei Tischchen, eine abgenutzte Garderobe und ein alter Ledersessel in den Keller und später auf den Sperrmüll. Die Wohnung bekam eine neue Großzügigkeit und Eleganz.

Die nächste Aufgabe bestand darin, alle Ablageflächen frei zu halten und, falls überhaupt, ganz gezielt, einzelne, besonders schöne Stücke zu platzieren. Karin erklärte dazu: „Leere Flächen ziehen Energie an. Deshalb ist es eine gute Idee, in der Wohnung leere und saubere Flächen zu schaffen, auf denen sich freie Energie ansammeln kann. Das Ego neigt dazu, jeden freien Platz sofort voll zu stellen, um uns damit Geborgenheit und Sicherheit vorzugaukeln. Das ist eine Illusion. Und als guter Schüler weißt du bereits: Was für die Wohnung gilt, gilt auch für den Geist."

Den Rest sollte Thomas entweder wegwerfen oder in Schränken verwahren. Er war heilfroh, dass Karin seine Schränke nicht geöffnet hatte, denn was dort wie Kraut und Rüben herum lag, wollte niemand wirklich wissen. Mit mehreren Mülltüten bewaffnet würde er dieses Thema demnächst erledigen. Thomas fühlte sich gut. Die Enge seiner Wohnung war fast verschwunden. Leider gab es immer noch den übervollen Schreibtisch.

Karin gab ihm dazu einige praxiserprobte Aufräumtipps:

- Organisiere dir mehrere Ablagefächer und einen Schubladenschrank.
- Eine Schublade ist für aktuelle Post.
- In der nächsten Schublade liegen alle Schreibtischutensilien, wie Locher, Tacker oder Stifte.
- In einer weiteren sind Klarsichthüllen.
- Papier und Briefumschläge bekommen ebenfalls eine eigene Schublade.

- Die Ablagefächer werden nach Themen beschriftet und dienen als Sammelstelle für deine Projekte. Ein Fach könnte zum Beispiel heißen: berufliche Ideen, Freizeitaktivitäten, Erkenntnisse, Ziele …
- Lege dir Ordner an für deine private Korrespondenz, Rechnungen, Garantien, Bankgeschäfte und so weiter. Stelle sie immer in Reichweite des Schreibtisches.
- Alle Ordner sind nach dem gleichen System beschriftet und haben Einlegeblätter zur Untergliederung.
- Jeder Vorgang und jede Idee wird in einer eigenen Klarsichthülle abgelegt.

„Um diese Aufgaben systematisch zu erledigen, verrate ich dir nun das große Geheimnis der Organisationsprofis." Karin machte eine Kunstpause und sprach langsam weiter. „Gebe deinen Aufgaben Termine. Setze den Beginn und das Ende fest und hake erledigte Termine ab."

„Aber das ist doch gar kein Geheimnis!", sagte ein sichtlich enttäuschter Thomas. „Das mache ich doch täglich während meiner gesamten Arbeitszeit." „Wirklich? Und warum sieht dann dein Schreibtisch so aus?", entgegnete Karin ernst. „ Ja, aber, das ist doch etwas ganz anderes. Das ist meine Freizeit."

Thomas sprach nicht weiter. Ihm dämmerte, dass er sich gerade um Kopf und Kragen redete. Außerdem fielen ihm seine Arbeitsabläufe im Büro ein. Von einer perfekten Ordnung war er weit entfernt. Aufgrund seiner Ablagemechanismen suchte er Unterlagen oft stundenlang. Alles, was funktioniert, kann auf alle Bereiche des Lebens übertragen werden. Dies gilt für Beruf und Freizeit. Langsam verstand er: *Wenn er im Beruf wirklich perfekt organisiert wäre, sähe sein Schreibtisch zu Hause frei und aufgeräumt aus.*

Planung für mehr Flexibilität

D*ieses Planungs- und Ordnungsthema scheint Karins Leiden-schaft zu sein*, dachte Thomas, als sie den nächsten Termin mit der Frage eröffnet: „Hast du einen Terminplaner, in den du deine Termine und Aufgaben einträgst?"

„In der Firma arbeite ich mit der Bürosoftware für die beruflichen Termine. Alles weitere merke ich mir oder schreibe es auf diese kleinen Zettel aus der Zettelbox. Meine privaten Termine habe ich im Kopf, denn schließlich ist meine Gedächtnisleistung wirklich gut. Kopfrechnen eins!", Thomas grinst und ist sichtlich stolz auf seine Fähigkeiten und auf die Art, wie er sie präsentiert hatte. *Was will sie jetzt noch sagen?*, denkt Thomas und reibt sich innerlich die Hände.

W*ann machst du deinen nächsten Urlaub?"*, fragt Karin völlig unverblümt. „Oh, das weiß ich noch nicht. Ich habe nichts geplant." „Und wie verbringst du Samstag in zwei Wochen?" „Wie, Samstag in zwei Wochen? Wie kommst du auf diese Frage?" Thomas Selbstbewusstsein schwindet wie der Raureif in der Sonne. „Aber was du am zweiten Februar um 17 Uhr vorhast, dass weißt du sicherlich?" Thomas holt tief Luft und schüttelt den Kopf. Karin holt einen kleinen in Leder gebundenen Terminplaner aus ihrer Handtasche, schlägt den 2. Februar auf und liest vor: „17 bis 21 Uhr, Termin mit Thomas." Thomas ist frustriert. *Warum hat sie immer recht und warum stehe ich dauernd als Depp vor ihr?*

Karin schaut ihn mit ihren großen, schönen Augen an und lächelt. Nein, sie lacht ihn nicht aus, denn diese Situationen hat sie selbst zigmal erlebt. Sie erinnert sich an die Worte ihres Meisters: *„Unser Ego will recht haben und sich aufblasen, angeben und als der oder die Schönste und das Beste auf dieser*

Welt dastehen. Um wirklich besser zu werden und zu lernen, müssen wir unser Ego in den Griff bekommen. Konzentriere dich auf das Funktionieren und lasse deine Befindlichkeiten außen vor."

Was hätte Karin damals darum gegeben, ihre Gefühle und ihre Wut ausleben zu dürfen. Zu schreien, zu trampeln, zu weinen. Das, was man halt so macht, wenn man unbedingt recht haben möchte und es wirklich besser weiß, als alle anderen. Ehrlich gesagt hat es Jahre gedauert, bis sie sich selbst bei den meisten Situationen im Griff hatte und ihr Augenmerk auf dem simplen Funktionieren der Dinge lag. Ihr Meister hatte dazu immer seinen Lieblingsspruch parat: „Es muss funktionieren. Es muss dir nicht gefallen!"

Über die nächsten zwei Stunden hielt Karin einen Vortrag darüber wie, warum und weshalb Planung funktioniert. Für die praktische Anwendung zeigte sie ihm ihren kleinen Kalender und die vielen Termine, die dort eingetragen waren. Ob es sich um Geburtstage, berufliche Besprechungen, Einladungen, Freizeitaktivitäten, Überweisungen, Friseurtermine, Zeiten zum Kochen, Einkaufen, Putzen oder auch Faulenzen handelte, alles stand in ihrem kleinen Buch. Hinter den Terminen standen Uhrzeiten und ein Zeichen, das ihr sagte, erledigt, verschoben oder endgültig ausgefallen.

„Und was passiert, wenn du den Termin übersiehst oder ignorierst?", fragt Thomas neugierig. „Dann gebe ich dem Eintrag einen neuen Termin und eine neue Zeit." „Und wenn du es wieder nicht tust?" Thomas bleibt hartnäckig. „Ich mache das Spielchen so lange, bis ich es erledigt habe. Irgendwann wird es mir zu blöd, den unliebsamen Termin auf eine neue Seite zu schreiben", erklärt Karin.

„Muss ich wirklich alles dort eintragen?" Thomas stellte sich Termine vor, die er auf gar keinen Fall vorplanen wollte.

„Trage alles ein, was du erledigen willst oder sollst und verteile deine Arbeit auf die nächsten Wochen und Monate. Nicht alles muss sofort gemacht werden. Mein Terminplaner hat eine extra Monats- und Jahresübersicht. Das ist genial für Urlaubs-, Seminar- und Kurstermine."

„Hast du diesen Kalender eigentlich immer dabei?" „Natürlich", lacht Karin, „ohne diesen Kalender bin ich nur eine halbe Frau. Aber ernsthaft. Dieser Planer ist immer dabei, egal, wo ich bin. Übrigens ist mein Kalender besonders männerfreundlich. Er passt perfekt in die Innentasche eines Jacketts. Frauen brauchen dafür eine Handtasche."

Wie lange werde ich brauchen, bis ich die Zeitplanung im Griff habe?" Auf diese Frage hatte Karin bereits gewartet. „Zeitplanung und Organisation ist eine Kunstform und nichts, was man statisch lernen und abarbeiten kann. Wenn dem so wäre, gäbe es schon längst perfekte Computerprogramme, die das für uns erledigen. In Wahrheit erfordert es Intuition und planerisches Geschick, Termine so zu legen, dass wir mit möglichst wenig Aufwand unsere Aufgaben schaffen. Oft müssen wir aufs Geratewohl Termine in die Zukunft hinein setzen, ohne zu wissen, ob sie wirklich stattfinden oder wie lange die Termine wirklich dauern werden. Je länger du dich mit der Kunstform Zeitplanung beschäftigst, desto eher wird dein Gehirn in der Lage sein, gut zu raten. Das ist eine Ausprägung von gut geschulter Intuition. Wie gesagt, das kann uns kein Computerprogramm abnehmen. Deshalb ist es eine Kunstform. Wie Malen, Bildhauen, Autofahren …"

Thomas fasste noch einmal zusammen, was er heute über Zeitplanung und Organisation gehört hatte:

- Alle Termine, privat und beruflich, in den Terminplaner eintragen.
- Termine haben immer Zeiten sowie einen Anfang und ein Ende. Ein Termin dauert maximal eine Stunde.
- Auch Pausen sollten geplant werden.
- Nach einem festgelegten System werden Termine bewertet. Erledigt, verschoben, ausgefallen.
- Termine für mindestens 1,5 Monate, besser sogar drei Monate im Voraus planen.
- Folgender Grundsatz gilt: Planung macht flexibel! Denn nur so kennt man die Termine, die zu verschieben sind.

In Karins Terminplaner stand ein weiterer relevanter Hinweis. Thomas bekam die Internetadresse für die Bestellung seines eigenen Planers. Thomas wusste nicht genau, ob er sich darüber freuen sollte oder ob seine Skepsis Oberhand behalten würde. Er stellte sich die Terminplanerei ganz schön aufwendig vor. *Sich hinsetzen, die Seele baumeln lassen und die Tage möglichst angenehm verbringen.* So sah doch eigentlich seine Lebensplanung aus. Und nun sollte er alles aufschreiben, planen und strukturieren. *Wie lästig.* Aber wenn er es sich genau überlegte, war er mit seiner „gemütlichen" Methode nicht weit gekommen. Er vergaß Termine sowie fast jeden Geburtstag. Er verabredete sich spontan oder gar nicht und wartete schon seit Jahren auf den großen Durchbruch. Irgendwann würde seine Zeit schon kommen – nur wann?

Die äußere Erscheinung

Heute trifft er Karin in einem Einkaufszentrum. Allerdings sollte er bis zu diesem Termin beim Friseur, einem guten Friseur, gewesen sein. *Typisch Frau*, dachte Thomas, *kaum haben sie Einfluss auf einen Mann, müssen sie ihm direkt Styling-Tipps geben.* Er fand einen Friseur, der keine große Sonderangebotstafel im Schaufenster stehen hatte und zahlte so viel wie nie zuvor für einen knackigen Kurzhaarschnitt. So häufig wie nach diesem Friseurtermin hatte er allerdings auch noch nie in den Spiegel geschaut. Er gefiel sich – und vielleicht gefiel er auch Karin.

An der verabredeten Stelle ist er überpünktlich und traut seinen Augen kaum, als er Karin entdeckt. Sie sieht traumhaft aus. Zum ersten Mal bemerkt er ihre endlos langen Beine unter einem kurzen, engen, sehr eleganten Rock. Wie sollte er sich bei so einem Anblick auf Ego, Aufgaben, wertfreie Rückmeldungen oder Ähnliches konzentrieren?? *Sie wenigstens einmal küssen* – dieser Gedanke setzt sich in seinem Kopf fest. Nach der Begrüßung macht er ihr ein großes Kompliment, für das sie sich mit einem leichten Rotschimmer auf den Wangen bedankt. *Komplimente berühren sie also, das werde ich mir merken.*

„Das Thema des heutigen Treffens ist äußere Makellosigkeit. Dazu gehört ein gepflegtes Aussehen und Kleidung, so gut wie eben möglich", beginnt Karin ihre Ausführungen. Thomas soll sich verpflichten, von heute an immer im Anzug und mit geputzten Schuhen zur Arbeit zu gehen. Sein „Ja, aber ...", überhört Karin geflissentlich. Auch den Drei-Tage-Bart gibt es nicht mehr. Frisch rasiert ist die neue Devise.

Thomas betritt mit Karin zum ersten Mal das Geschäft eines exklusiven Herrenausstatters. Die Sorte Geschäft, die er bisher vermieden hat. Er fühlt das gute Tuch, die feine Seide der Krawatten, lässt sich aufklären über Schnitte, Farben, Knöpfe, Längen von Jacketts und Hosen. Er lernt eine Menge. Sein neuer Anzug überschreitet zwar komplett sein Ausgabenbudget für Businesskleidung, doch hat er nie etwas so hochwertiges besessen. Thomas fühlt den Unterschied. Nicht nur auf der Haut, sondern er spürt auch die Ausstrahlung und Energie, die ihn umgibt, wenn er Qualität trägt. Beim Anprobieren der Kleidung nimmt er automatisch eine andere Haltung ein. Sein Gang ist gerader, der Kopf höher und er kommt nicht umhin, sich auch eine Spur wichtiger zu empfinden. *Ist das nicht alles pure Illusion?*, fragt sich Thomas.

Im Elternhaus hat er jahrelang zu hören bekommen, dass es allein auf die inneren Werte ankommt. Und wer ihn richtig kennenlernt, der weiß ihn auch zu schätzen. „Im Prinzip richtig", antwortet Karin. „Nur – mach es den Menschen doch leicht. Falle sofort durch einen guten Eindruck auf und ziehe durch Qualität und Ausstrahlung die Aufmerksamkeit auf dich. Ein erster guter Eindruck ist nicht zu ersetzen." Davon hatte Thomas gehört. Und wenn er ehrlich war, fühlte er sich tatsächlich gut in diesem Anzug, obwohl immer noch die alten Glaubenssätze an ihm nagten.

Eigentlich sagte ihm Karin überhaupt nichts Neues. Doch die sofortige Umsetzung dieser Maßnahme machte diese einfache Regel zu einem besonderen Erlebnis. Über die blöden Sprüche seiner Kollegen wollte er sich gerade keine Gedanken machen. Thomas Gedanken bewegten sich in eine andere Richtung. *Wenn ich ab morgen auch schick ins Büro gehe, dann bin ich genauso gut gekleidet wie meine Kollegen. Wo ist da der Fortschritt? Beim Vergleich mit Kollege Weber kann ich nicht punkten.*

„Lass die Vergleiche mit anderen Menschen sein!", sagt Karin. „Der einzige Vergleich, den du ziehen darfst, ist der Vergleich mit dir selbst. Willst du Fortschritt sehen, dann schaue, wie du warst und wie du jetzt bist. Schau dich an, wie du aussiehst und was dir gelingt. Diese Vergleichsform ist die einzig korrekte."

Glaubenssätze auf dem Prüfstand

Mit hängenden Schultern steht Thomas vor Karin. „Ich glaube, dass andere einfach viel mehr können als ich", beginnt er seine Ausführungen. „Das ist interessant", sinniert Karin, „diesen Satz habe ich bisher immer nur von Frauen gehört."

„Außerdem war ich nie sehr beliebt. Andere standen im Mittelpunkt. Ich war meist abseits und habe zugesehen, wie mein guter Freund Wolf die Mädchen beeindruckt hat. *„Hey"*, so begann er seine Anmache, *„wir haben da eine Party am Start, habt ihr Bock mitzukommen?"* Thomas hätte sich dann am liebsten in ein Mauseloch verkrochen. Ihm waren solche Sprüche peinlich. Dennoch musste er zugeben, dass sie in vielen Fällen funktionierten. Ihm kamen solche Sätze nie über die Lippen. Er war einfach zu schüchtern. Selbst heute fiel es ihm schwer, jemand Fremden anzusprechen.

Thomas Stimme hört sich belegt an. „Wie kommst du zu dieser Selbsteinschätzung?", fragt Karin. „Keine Ahnung", erwidert Thomas. „Dieses Bild von mir habe ich schon, so lange ich mich erinnern kann. So habe ich mich immer gefühlt. Mein ganzes Leben lang."

Karin denkt eine Weile nach, bevor sie antwortet: „So ergeht es vielen Menschen. Alte, tief sitzende Gefühle halten wir generell für wahr. Und das nur aus einem einzigen Grund: Sie sind schon so lange da und wir spüren sie so intensiv, dass wir automatisch glauben, sie sind real. Dabei könnte ein Auslöser dieser Glaubenssätze eine Fehlinterpretation sein, zum Beispiel aus der Kindheit. Da hört das fünfjährige Kind, wie die Mutter zum Bruder sagt, dass er viel besser und lieber ist als alle anderen. Es bezieht den Vergleich auf sich und fühlt sich ein Leben lang ungeliebt und herabgesetzt. Nur, weil es damals den zweiten Teil des Satzes nicht mehr gehört hat, in dem die Mutter den Vergleich zu den ungezogenen Nachbarkindern gezogen hat. Diese Fehlinterpretationen können massive Störungen hervorrufen."

Thomas kommt es vor, als würde sich ein tief sitzender Knoten in seinem Inneren auflösen. „Ich erinnere mich gerade an einen Satz meines Vaters, der immer noch in mir steckt. War der vielleicht gar nicht für mich bestimmt?" „Das kann sein", sagt Karin vorsichtig. „Heute als erwachsener Mensch hast du mindestens zwei Möglichkeiten, damit umzugehen. Du kannst mit deinem Vater über diesen prägenden Satz reden und versuchen, den damaligen Kontext herauszufinden. Oder du kannst dir heute, in der Gegenwart, überlegen, was dieser Satz überhaupt noch mit dir zu tun hat. Es kann gut sein, dass du heute ganz anders bist und du dieses Relikt aus alten Kindertagen nur noch glaubst, weil du es nie in Frage gestellt und losgelassen hast. Quasi wie ein alter Teddybär, den man aus lieb gewonnen Gründen immer noch auf dem Sofa stehen hat. Dieser alte Bär hat dich früher getröstet, heute ist er nur noch eine Erinnerung an alte Zeiten. Du brauchst ihn nicht mehr."

Ich habe noch ein anderes Bild für dich", fährt Karin fort, „stell dir ein großes leeres Glas vor. Wir kommen auf die Welt und sind wie dieses leere Gefäß. Ab dem dritten Lebensjahr füllt es sich langsam mit persönlichkeitsbildenden Inhalten. Denn erst jetzt entwickelt sich unser Ego und damit unser ICH. Das Kind schnappt zufällig diverse Themen, Inhalte und Halbsätze auf und schafft sich daraufhin sein eigenes Weltbild. In keinster Weise kann es die Zufallsinformationen bewerten oder durchschauen. Ihm fehlt noch jegliche Denkfähigkeit. Es wächst eine Persönlichkeit heran, die ihr Wissen aus Zufällen, Interpretationen und der Gabe hat, alle Ereignisse auf sich zu beziehen und mit sich in Verbindung zu bringen."

Karin ergänzt: „Es werden heute immer mehr Menschen alt, aber immer weniger Menschen erwachsen. Wenn wir erwachsen werden, sollten wir eigentlich einen Prozess der Wandlung durchführen. Dabei graben wir die kindlichen Bewertungen und Vorstellungen aus, schauen sie uns an und entscheiden nun als Verantwortlicher, ob sie für uns stimmig sind. Wenn nicht, sollten wir sie loslassen oder ändern. Das ist eine typische Situation, in der ein Lehrer besonders hilfreich ist."

Thomas meint schmunzelnd: „Da kann ich ja froh sein, dass ich dich getroffen habe …"

Antworten zur Individualität

Und was ist mit Individualität?", fragt Thomas, der Karin immer wieder gerne löcherte. Wenn sie redete, war es für ihn deutlich entspannter. Er konnte sich zurücklehnen und sie anschauen, falls er nicht gleichzeitig mitschrieb. Karin verdreht indes die Augen. Sie kam sich manchmal vor wie eine Antwortenmaschine. Piep. Der Schüler drückt den Frageknopf und herausgeschossen kommt eine Antwort.

Wohlweislich hält sie sich kurz: „Du kannst davon ausgehen, dass alle Menschen in der Grundprogrammierung des Egos ähnlich sind. Überlege mal, wie viele Millionen Menschen die gleiche Musik lieben, die gleichen Filme schauen, die gleichen Schönheitsideale haben und die gleichen Liebesgeschichten lesen. Alles läuft nach Schema F ab. Wo bleibt da die Individualität?"

„Genau, das war meine Frage", wirft Thomas ungeduldig ein. *Auch mein Schüler hat manchmal recht, denkt Karin und fährt fort.*

„Individualität bekommen wir nicht geschenkt. Die passiert nicht von alleine. Wir müssen sie uns erschaffen. Mache aus dir selbst ein Lebenskunstwerk." Das waren wieder Aussagen mit denen Thomas nichts anfangen konnte. *Ein „Lebenskunstwerk". Wie Karin immer auf solche Ausdrücke kam.*

Stell dir dazu einen Steinbruch vor. Die Marmorblöcke, die dort herumliegen, sind alle ungefähr gleich. Manche Blöcke sind ein wenig größer oder breiter wie die anderen – aber im Prinzip sind sie sich alle ähnlich. Mitten unter diesen Steinhaufen entdeckst du etwas ganz Besonderes. Es erhebt sich vor deinen Augen ein gemeißelter Jüngling von Meister Michelangelo. Der bearbeitete und in Form gebrachte Stein macht das Individuum aus – aus des Meisters Hand. Du selbst bist der Meister deines Lebens. Gebe dir eine eigene Gestalt, ein individuelles Gesicht. Individuen sind anders als die Masse. Sie sind erstaunlich, einzigartig und machen unvorhersehbare Geschichte."

Piep. Die Zeit für die Antwort ist abgelaufen. Karin erhebt sich und lässt Thomas mit sich und seinen Notizen allein.

15 Zeilen fürs Selbstwertgefühl

Obwohl ich jetzt mehr weiß, komme ich wieder frustriert zu dir." Thomas lässt den Kopf hängen. Ich habe dir doch schon mal von meinem Kollegen Weber erzählt. „Du meinst den, der immer alles erreicht und bekommt?" „Ja, genau den meine ich. Und gestern war es wieder so weit. Kollege Weber hat mal wieder alle Aufmerksamkeit auf sich gezogen und mich schlecht dastehen lassen. Er bekam das Lob und ich den Tadel, obwohl wir gemeinsam das Projekt geleitet haben. Ich schaffe es einfach nicht, mich gut zu verkaufen. Das Problem ist nicht, dass ich schlechte Arbeit geleistet habe, meine Eigen-Präsentation war wahrscheinlich nicht gut genug." Karin antwortet mit einem Lob. „Ist dir aufgefallen, dass du dein Problem in weniger als drei Minuten geschildert hast – samt Lösung? Du bist wirklich gut." „Aha", Thomas hat das Lob zwar gehört, ist aber immer noch niedergeschlagen und unzufrieden. Er denkt nach. *Karin hat gesagt, ich habe die Lösung gleich mitgeliefert. Klar, mehr Selbstvertrauen wäre gut, dann würde ich deutlich stärker auftreten. Mit mehr Selbstbewusstsein hätte ich auch die Kritik besser weggesteckt. Doch wie bekomme ich das hin?* Er erinnert sich an die Geschichte mit dem Steinbruch. *Wäre ich ein berühmter Steinmetz, hätte ich damit bestimmt keine Probleme. Ich bin aber nur ein ganz normaler Typ.*

„Willst du weiter jammern oder etwas für dein Selbstwertgefühl tun?" Karin mischt sich wieder ein.

„Setze dich hier an den Tisch und schreibe mindestens 15 Dinge auf, die du besonders gut kannst, die dich auszeichnen, die an dir positiv auffallen." „15", stöhnt Thomas laut auf. Karin kontert: „Du kennst die alte Regel! Je mehr du dich wehrst, desto höher wird der Einsatz. Nicht lamentieren, sondern schreiben."

Knallhart war diese Frau. Ob sie heute schlecht gelaunt war?
Auf sein weißes Blatt Papier schrieb er zunächst 15 Zahlen untereinander. Das war einfach, dann nahm er den Kopf in beide Hände und begann zu überlegen.

Ich bin freundlich
Ich habe ein ansteckendes Lachen
Ich habe Durchhaltevermögen
Ich bin ehrgeizig
Ich bin kreativ und habe Sinn für Schönheit
Ich bin …

Tatsächlich kommt Thomas auf 15 Punkte und ist völlig überrascht, wie einfach und klar diese Übung ist. So hatte er sich noch nie gesehen. Er hatte nicht übertrieben, es stimmte alles, aber diese Fülle und Kompaktheit an positiven Eigenschaften hat er so noch nie wahrgenommen. Seine Stimmung wurde schlagartig besser. Sobald er etwas tat, nahm dieses Tun sofort Einfluss auf ihn.

Karin fügt noch einige Anmerkungen hinzu: „Das Selbstwertgefühl ist wie ein Rotweinglas. Immer wenn du etwas Erfolgreiches tust, gibst du etwas hinein und füllst es auf. Wenn Aufgaben nicht getan werden, nicht funktionieren oder du Misserfolge hast, reduzierst du den Inhalt des Rotweinglases. Für ein stabiles Selbstwertgefühl sollte das Glas immer gut gefüllt sein. Achte darauf, dass es nie zu leer wird."
„Etwas anderes sind tatsächliche oder gefühlte Mängel, die Menschen durch besondere Leistungen auf anderen Gebieten ausgleichen wollen. Diesen Prozess nennt man Überkompensation. Dadurch werden Menschen zu besonderen Leistungen angestachelt. Ein Bekannter von mir zum Beispiel ist recht

klein. Er hat deshalb schon sehr früh angefangen, viel Geld zu verdienen, um Aufmerksamkeit und Begierde beim anderen Geschlecht auszulösen. Erfolgreich. Überkompensation ist der edelste Leidensdruck und führt zu außergewöhnlichen Fähigkeiten. Wenn diese besonderen Fähigkeiten dann erlangt sind, ist die Zeit gekommen, den ursprünglichen Mangel auf Nimmerwiedersehen loszulassen und die neu erworbenen Fähigkeiten zu genießen."

3
Ursache und Wirkung

Lächeln ohne Grund

Karin lächelt ihn immer wieder an. Thomas reagiert und lächelt zurück. Einfach so, ohne darüber nachzudenken. „Hast du bemerkt, was gerade passiert ist? Ich habe dich angelächelt und du hast automatisch zurückgelächelt. Lächeln", sagt Karin „ist ein wunderbarer Weg, Kontakt zu anderen Menschen zu bekommen. Menschen, die lächeln, können nicht gleichzeitig schimpfen oder aggressiv sein. Lächeln verbindet Menschen. Kinder lächeln weitaus häufiger als Erwachsene. Viele Erwachsene müssen das Lächeln erst wieder neu lernen. Deine Aufgabe ist es, jeden Tag mindestens drei Minuten am Stück zu lächeln." „Wie?", fragt Thomas, „machst du Scherze?"

„Wenn das ein Scherz wäre, müsstest du lachen, aber ich spüre nur deine Anspannung", sagt Karin, immer noch lächelnd. „Ich kann mir keine Situation vorstellen über die ich drei Minuten lang lächeln könnte", entgegnet Thomas, „außer im Kino vielleicht oder über einen richtig guten Witz."

Das Lächeltraining braucht keine besondere Situation. Lächeln üben braucht überhaupt keinen Anlass. Du kannst es immer und zu jeder Zeit tun. Lächle mich an!" Thomas wusste, dass es gerade gequält aussah, aber er grinste. „Das Wichtigste an deinem Lächeln ist, dass die Mundwinkel nach oben zeigen. Alles weitere kommt von alleine und mit regelmäßiger Übung.

Dies ist eine grundlegende Aufgabe. Ab heute übst du zu lächeln. Am besten funktioniert es vor dem Spiegel. Stell dich vor deinen Badezimmerspiegel und lächle dich an. Auch wenn es erst einmal gekünstelt aussieht. Übe es. Lächle dich jeden Tag mindestens drei Minuten an."

Thomas stand am nächsten Morgen vor dem Spiegel und starrte sich an. Schließlich grinste er sich an und brach in schallendes Gelächter aus. Verrückt, aber wirkungsvoll. In der Bäckerei lächelte er die Verkäuferin an und bekam ein Lächeln zurück. Gutgelaunt fuhr er ins Büro und setzte seine Übung fort. Auch die Bürodamen reagierten auf sein Lächeln, fragten aber sofort nach dem Grund, denn es kam ihnen verdächtig vor. Lächeln ohne Grund, das waren sie nicht gewohnt. Thomas setzte noch einen drauf, machte ihnen ein Kompliment und schwebte davon.

Der Tag fing gut an und er war unbeabsichtigt richtig gut gelaunt. Die Besprechung mit der ganzen Abteilung machte seine Stimmung jedoch gleich wieder zunichte. Was war das nur immer für eine gedrückte und angespannte Atmosphäre? Ein freundlicher und offener Ton wäre viel angenehmer. Warum wurde hier so wenig gelacht? Karins Worte fielen ihm wieder ein: „Die Kunst ist, das Lächeln jederzeit einsetzen zu können, auch in Situationen, die nicht zum Lächeln einladen." *Ist es wirklich so einfach, einen Schalter umzulegen und jetzt in dieser Situation zu lächeln?* Thomas ging auf die Toilette und übte vor dem Spiegel sein Lächeln. Es sah noch gequält aus. Aber nach und nach wurde aus dem schrägen Grinsen ein ganz passables Lachen.

Aufrecht und lächelnd nahm Thomas den Weg zurück über den Flur, vorbei an vielen offenen Bürotüren hin zum Kaffeeautomaten. Mit jedem Schritt wurden seine Gesichtszüge entspanner. *Als ob die hochgezogenen Mundwinkel tatsächlich einen direkten Draht zum Denkapparat haben.* Die Wut auf Kollege Becker verschwand und ihm fiel dessen erfolgreiches Akquisegespräch von gestern wieder ein. *Mann, war der da gut!* Thomas lächelte weiter und nahm sich vor, Karin heute Abend davon zu erzählen.

Unsere Lebensenergie

Karin läuft geschäftig hin und her. Sie ordnet Papiere und wischt schon zum dritten Mal über den Tisch. Thomas hat den Eindruck, sie will heute alles besonders ordentlich haben. Schließlich kocht sie eine große Kanne grünen Tee und setzt sich. „Wir werden heute über Energie und Verursachung sprechen. Das sind zwei wesentliche Begriffe, die dir während deiner Ausbildung immer wieder begegnen werden. Deshalb ist mir wichtig, dass du weißt, wovon die Rede ist. Auch wenn die praktische Umsetzung erst später dran ist." Thomas legte den Zettel mit seinen vorbereiteten Fragen beiseite und hörte konzentriert zu.

„Du bist zu mir gekommen, weil du in deinem Leben etwas ändern willst, stimmt's?", sagt Karin und sieht Thomas fragend an. Eine eher rhetorische Frage, die Thomas aber spontan und voller Inbrunst mit „Ja" beantwortet. „Für jede Änderung in unserem Leben brauchen wir Energie. Ohne Energie bewegt sich nichts. Wenn wir also etwas in unserem Leben ändern, eine neue Verhaltensweise bekommen oder in unserer Umgebung eine energetische Ursache setzen wollen, brauchen wir Energie."

Diese Energie hat nichts mit dem Strom aus der Steckdose oder dem Benzin im Auto zu tun. Und auch nicht mit dem Kaloriengehalt der Schokolade, die du gerade verschlingst."

Bei diesen Worten legt Thomas (ein wenig schuldbewusst) den gerade angebrochenen Schokoriegel wieder zurück. „Diese Energie wird gemeinhin als *Lebensenergie* bezeichnet. Sie durchfließt alle Materie und ist die ursächliche und steuernde Instanz unserer chaotischen Welt."

Thomas dachte nach, wo er das schon mal gehört hatte. *Gleich wird sie mir erzählen, dass ihr Meister ein verschrumpeltes kleines grünes Männchen mit spitzen Ohren ist, das verquere Sätze redet ...* Er muss grinsen. „Konzentrier dich bitte!", fährt Karin ihn an. Sofort ist Thomas wieder ernst.

Woher nehmen wir diese Energie? Der einfachste Weg ist über unsere Nahrung. Es ist auch möglich, diese Energie direkt von anderen Menschen zu erhalten. Das geschieht praktisch immer durch Manipulation und das ungebührliche Binden von Aufmerksamkeit. Tatsächlich entwickeln sich viele Beziehungen in diese Richtung. Nämlich genau dann, wenn es nicht mehr um Liebe, Partnerschaft und ein funktionierendes Leben geht, sondern nur noch darum, dem anderen Partner möglichst viel Energie zu entziehen. Oder die Aufmerksamkeit des Partners auf sich zu lenken. Was im Endeffekt auf das Gleiche hinausläuft. Dies führt automatisch dazu, dass auch der andere versucht, die geraubte Energie wieder zurück zu stehlen. So enden die Partner unglücklich und energielos. Und meist haben dann beide nicht mehr die Energie und die Kraft, sich zu trennen und neue Wege zu gehen. So bleiben zwei unglückliche Seelen aus Gewohnheit, Abhängigkeit, Angst und Mutlosigkeit beisammen."

Thomas umfing eine gewisse Traurigkeit. Er hat diese Situation bei seinem älteren Bruder kennengelernt. Dessen Ehe sah genau so aus. Am meisten litten wohl seine zwei Neffen unter dieser Situation. Thomas hat sich vor Jahren fest vorgenommen, niemals so eine hoffnungslose Beziehung zu führen.

Die Worte Karins holten ihn wieder in die Gegenwart zurück: „Manche Menschen nehmen ihre Energie direkt von der Sonne oder der Erde auf. Sie sind mit dem allumfassenden Energiefeld der Schöpfung verbunden. Ein Kraftfeld ohne Ende. Die Schwierigkeit, an dieser Art der Energiegewinnung ist, dass du bereits sehr viel freie Energie haben musst, bevor du auf sie zurückgreifen kannst. Aber wenn es funktioniert, fließt die Energie hier hinein", Karin zeigt auf den höchsten Punkt ihres Schädels, „am Rückgrat entlang durch den ganzen Körper."

„Wie komme ich an so viel freie Energie?", fragt Thomas. „Indem du zunächst einmal aufhörst, Energie zu verlieren", antwortet Karin. „Wir verlieren Energie durch so genannte Energielöcher, die wir zunächst einmal stopfen müssen. Wenn diese geschlossen sind, können wir mehr Energie halten. Mit mehr Energie, können wir weitere Energie anziehen. Und so weiter. Wie Münchhausen, der sich selbst am Schopf aus dem Sumpf zieht."

„Woraus bestehen diese Energielöcher?", will Thomas genau wissen. „Die Herkunft dieser Energielöcher ist nicht ganz klar. Sie sind fast immer Folge einer unausgeglichenen Lebensweise. Es gibt drei Hauptverursacher von Energielöchern: Die erste Ursache sind Krankheiten oder Verletzungen. Die zweite sind seelische und emotionale Ungleichgewichte. Die dritte sind Drogen."

„Ein weiterer Grund, warum du Energie verlierst", fährt Karin fort, „ist, weil du es absichtlich so willst! Du reißt selbst ein Energieloch auf." „Warum sollte ich das tun?", kontert Thomas. „Je mehr Energie ich zur Verfügung habe, desto mehr kann ich doch im Leben bewirken?"

„Richtig! Der Haken ist, dass viel Energie sehr wehtun kann. Stell dir einen Feuerwehrschlauch vor, durch den Wasser fließt. Ist der Schlauch glatt und ohne Knick verlegt, fließt sehr viel

Wasser hindurch. Jetzt stell dir vor, der Schlauch ist an einigen Stellen geknickt. An weiteren Stellen ist er durch Fremdkörper verstopft. Solange nur wenig Wasser durch den Schlauch fließt, merkt niemand etwas. Drehst du den Wasserstrahl aber voll auf, bilden sich Turbulenzen und Spannungen. Das Wasser kann nicht mehr gleichmäßig fließen."

„So ähnlich ist das mit den Energiekanälen, die sich durch unseren Körper ziehen. Solange wir nur wenig Energie haben, merken wir nicht viel von unseren Blockaden. Erhalten wir aber auf einmal viel Energie, dann spüren wir unsere Blockaden sehr viel deutlicher. Es können seelische und psychische Blockaden sein, die sich gerne auch in körperlichen Symptomen niederschlagen. Die Energie, die durch diese Blockaden drängt, erzeugt in uns seelische und körperliche Schmerzen. Wir haben zwei Möglichkeiten, daran etwas zu ändern: Entweder wir beheben die Ursache, nämlich die Blockaden, oder wir werden die ‚überschüssige' Energie möglichst schnell wieder los."

„Wie du dir sicher denken kannst", Karin lächelt ihn nachsichtig an, „gehen wir in dieser Ausbildung den Weg, die Blockaden aufzulösen. Damit wir unsere gesteigerte freie Energie aushalten und nutzen können. Und wodurch lösen wir die Blockaden?", fragt Karin und wendet sich direkt an Thomas, weil sie merkt, dass seine Aufmerksamkeit ein bisschen nachzulassen scheint. „Durch Änderung …", antwortet Thomas brav, aber eher lustlos. *Immer diese Änderung. Es scheint ja wirklich alles nur darauf hinauszulaufen.* Karin nickt zustimmend.

Jetzt kommen wir zu den praktischen Anwendungen von Energie. Wie ich bereits gesagt habe, hilft viel Energie dabei, seine Ziele zu erreichen. Ein Verkäufer, der viel Qualität und Energie ausstrahlt, wird sich auf Dauer gegen alle Konkurrenten durchsetzen. Man kann sogar sagen, dass du immer nur deine persönliche Energie verkaufen wirst, egal, was du tust. Die Ware oder die Dienstleistung, die du anbietest, ist dabei nur das Hilfsmittel. Die persönliche Energie ist auch ausschlaggebend bei der Wahl von Bekannten, Freunden und Partnern. Es werden sich immer Menschen zusammenfinden, die in etwa das gleiche Energieniveau haben."

„Wie immer im Leben gibt es aber auch dazu eine Ausnahme: Wenn beispielsweise ein Popstar ein Übermaß an Aufmerksamkeit und damit Energie von Außen bekommt, dann kann ein völlig energieloser Partner diesen Überschuss aufbrauchen und damit helfen, ihn abzubauen. Das führt oft zu sehr skurrilen Partnerschaften, bei denen man sich fragt, was die beiden eigentlich aneinander finden. Aber auch damit wollen wir uns jetzt nicht weiter befassen", fährt Karin fort, „kommen wir direkt zum zweiten wichtigen Begriff, der Verursachung."

Das Prinzip von Ursache und Wirkung

Alles in dieser Welt beruht auf dem Prinzip von Ursache und Wirkung. Jede Ursache hat eine Wirkung, die wiederum eine neue Ursache für eine weitere Wirkung ist. Und so weiter. So entsteht eine Ursache-Wirkungskette. Diese wird in fernöstlichen Kulturen *Karma* genannt. Die Ursache-Wirkungskette eines Menschen, also sein Karma, ist üblicherweise sehr stabil, da die Menschen nur ungern ändern und viel lieber immer dieselben Ursachen setzen. Damit erhalten sie auch dieselben Wirkungen. Sicher, Stabil und Vorhersagbar."

„Die Menge aller Karmaketten auf dieser Welt bildet den chaotischen Raum, in dem wir leben und in dem praktische Magie stattfindet. In diesem chaotischen Raum kann man seine eigenen Ursachen einpflanzen und zusehen, wie sie sich entwickeln. Wie ein Samen, den man in einen Blumentopf setzt. Nur, dass der Samen der Verursachung viel schneller aufgehen kann."

Interessiert dich, wie man so eine Verursachung herstellt?", fragt Karin. Thomas nickt eifrig und wartet gebannt auf die Antwort. „Ein Mensch setzt jedes Mal genau dann eine Ursache in diese Welt, wenn ein Bild und ein Gefühl zusammenkommen. Wenn du also das Bild deines neuen Autos im Kopf hast und gleichzeitig ein starkes Gefühl der Freude empfindest, dann ist das so, als ob sich ein Stück deiner Energie von dir löst, einen energetischen Ballon bildet und im chaotischen Raum aufgeht. Je mehr Energie du hast, desto größer ist auch dieser Ballon. Im chaotischen Raum entfaltet der Ballon seine Wirkung und beeinflusst alle anderen vorhandenen Karmaketten derart, dass sich deine Verursachung erfüllt. Du weißt zwar vorher nicht genau, auf welche Art und Weise das passieren wird, was du verursacht hast, aber die Welt hat keine andere Wahl, als auf diese Ursache zu reagieren."

„Was ist, wenn ich vor etwas Angst habe?", fragt Thomas. „Eine sehr gute Frage", antwortet Karin. „Auch in diesem Fall setzt du eine Ursache. Glücklicherweise ist unsere Welt träge, so dass nicht jede Ursache sofort und ohne Zeitverlust Realität wird. Aber auf Dauer werden sich auch negative Ursachen oder Ängste verwirklichen. Das nennt man dann ,Self-Fulfilling-Prophecy'. Deshalb gehört die Kontrolle der eigenen Gedanken, vor allem der negativen, zu einem deiner ersten Ausbildungsziele. Es nützt nichts, wenn du mit viel Aufwand etwas Schönes verursachst und aus Nachlässigkeit oder Faulheit zulässt, das Hunderte kleine negative Ursachen den Erfolg wieder zunichtemachen."

„So, jetzt habe ich dir genug erzählt", schließt Karin ihre Ausführungen. „Für den nächsten Termin wirst du dir etwas vorstellen, das du haben willst. Und wir werden gemeinsam ausprobieren, wie das mit der Verursachung funktioniert."

Thomas war euphorisch. *Wenn das klappt, dann fresse ich einen Besen*, dachte er. Aber Karin hatte bisher mit allem recht gehabt, warum nicht auch dieses Mal. Er wusste schon genau, was er wollte. Ein neues Auto wäre genau das Richtige. Nur konnte er sich zum jetzigen Zeitpunkt ein neues Auto wirklich leisten? Darüber hatte er ja schon ein paar Mal mit Karin gesprochen.

Eine Verursachungsgeschichte

Thomas fuhr einen Golf – Golf Diesel, Baujahr 96, mit gefahrenen 250.000 Kilometern. Ein lautes Gefährt mit einigen kleinen Macken.

Der Zahnriemen, die Kupplung und noch ein paar Kleinigkeiten mussten erneuert werden. Von Weitem sah er ganz passabel aus, mit seiner verbreiterten Karosserie, den Alufelgen, der Metalliclackierung und dem Schiebedach. Aus der Nähe betrachtet überwogen die Qualitätsmängel, bestach er durch seine Energielosigkeit. Kurzum, Thomas fuhr ein billiges Vernunft-Auto.

Er ging zu seiner Lieblingswerkstatt, um alle Reparaturen in Auftrag zu geben. Das Gefühl, *es wird schon richtig sein, 1.000 Euro in dieses alte Auto zu investieren*, machte ihm etwas zu schaffen. Einen Tag später rief die Frau des Werkstattinhabers an und berichtete von einem Unfall ihres Mannes und bat ihn, sein nicht repariertes Auto wieder abzuholen.

Thomas grübelte. Was soll mir diese unvorhersehbare Wendung sagen? Ist es wirklich sinnvoll, dieses Auto reparieren zu lassen? Er sprach mit Karin, die mit ihm über Mangel, Energie und Ausstrahlung redete. Sie machte ihm klar, dass zurzeit das Auto ein großer Mangel war. Der Gedanke an ein neues Auto machte ihn einerseits glücklich, gleichzeitig verband er ihn sofort mit seiner Geldknappheit. Er hatte alle finanziellen Reserven in diese persönlichkeitsbildende Ausbildung investiert.

Thomas war ratlos und pleite. Karin gab ihm folgenden Rat: „Frag das Leben, das heißt: Wenn du das in Aussicht stehende Projekt bekommst, das dir entsprechendes Geld einbringt, dann ist ein neues Auto das Richtige für dich." „Ja, aber dieses Projekt wird mir nie so viel Geld bringen, dass ich davon ein neues Auto finanzieren kann", gab er zu bedenken. „Es wird dir erst mal so viel Geld bringen, wie du im nächsten halben Jahr für dieses Auto brauchst". „Ja, aber was ist dann?" „Vertraue dem Leben und vertraue dir selbst, dann wird sich alles so ergeben, wie du es wünschst und wie es richtig für dich ist." Diese Antwort war wieder mal eine echte Karin-Antwort und damit eine Herausforderung.

Er fing an, sich mit diesem Gedanken anzufreunden. Noch am selben Abend fuhren Karin und er zu mehreren Autohäusern. Ein kleiner hübscher Neu- oder Jahreswagen sollte es sein. Drei schwarze Kleinwagen standen nebeneinander und sie begutachteten diese Autos nach dem Energieaspekt. Es gab wirklich eine unterschiedliche Ausstrahlung, obwohl alle drei Wagen neu waren und dieselbe Farbe und Ausstattung hatten. Sozusagen Drillinge. Das Kaufgespräch, die Sitzprobe und die Probefahrt ernüchterten ihn. Echter Autospaß war nicht aufgekommen.

Eine Woche später bekam er das lang erwartete Projekt seiner Firma. Die Entscheidung für ein Auto stand damit fest. Karin machte ihm klar, dass die Energie eines Autos von der Schönheit und Makellosigkeit des Autos abhängt. Thomas

Lebens-Sichtfeld erweiterte sich gerade wieder um einige Aspekte. Er begann auch anderen Menschen gegenüber zu erwähnen, dass er ein *schönes* Auto suchte. Für ihn ein sehr ungewöhnliches Vorgehen, da die Praktikabilität und der niedrige Spritverbrauch bisher immer im Vordergrund standen.

Das plötzliche Angebot eines Händlers, Thomas für sein altes Auto doch noch richtig viel Geld zu geben, falls er bei ihm einen neuen Kleinwagen kaufen würde, sprach wieder deutlich sein altes Vernunftdenken an. Also fuhr er mit Karin dorthin. Als Thomas im angebotenen Auto saß, wusste er spontan: *Es passt nicht zu mir.* Endlich hatte er eine längst überfällige Entscheidung getroffen und merkte, dass er glücklich damit war. Irgendetwas löste sich und ihm fielen all die kleinen Zeichen des Lebens ein, die immer wieder gegen diese Vernunft-Autos gesprochen haben und die er bisher immer ignoriert hatte. Er wusste jetzt, was er nicht wollte und war frei für Neues.

Was Thomas noch zu schaffen machte, waren seine Geldbestände. „Frag doch deine Eltern", sagte Karin. „Mhm", brummte er, „meine Eltern sind wunderbar, haben aber eigentlich nie Geld übrig." Es war unrealistisch, aber vielleicht nicht unmöglich, von ihnen finanzielle Unterstützung zu bekommen.

Thomas Eltern hörten ihm interessiert zu, konnten seine Wünsche gut nachvollziehen und hätten normalerweise nicht helfen können, wenn nicht gerade zu diesem Zeitpunkt ein Sparvertrag ausgezahlt werden würde, der nicht verplant war. Es handelte sich um 10.000 bis 12.000 Euro. Das Leben meint es gut mit ihm.

Jetzt konzentrierte er sich auf Fahrzeuge anderer Hersteller. „Warum kein Mercedes, so eine schicke, schwarze Limousine mit glänzenden Alufelgen?" Solch eine Idee konnte nur Karin entwickeln. Ein Mercedes. *Unsinn.* Oder etwa nicht? *Warum musste ihn diese Frau dauernd überfordern?* Erst sollte er ein neues Auto kaufen und jetzt soll es sogar ein Mercedes sein.

Der Gedanke an einen Mercedes hatte etwas. Er würde Aufsehen erregen. Und es würde ihm niemand zutrauen. Er würde schockieren, ganz bestimmt. Gut! Und wahrscheinlich würde immer ein Lächeln seinen Mund umspielen, wenn er in ein solches Auto einsteigen würde.

Trotz dieser Vision lief es nicht glatt. Thomas ließ sich noch dreimal von seinem Mercedes-Vorhaben abhalten. Beinahe entschied er sich doch für einen Kleinwagen und nur, weil das Geld seiner Eltern zu spät auf seinem Konto eintraf, trat er in letzter Sekunde vom Kauf zurück. Ein anderes Auto entzog sich, da der Verkäufer kein entsprechendes Ersatzauto fand. Ein weiterer Wagen war schlichtweg zu teuer. Was sagte Karin immer? „Es muss sich einfach und problemlos ergeben!"

Thomas hatte keine Lust mehr und blätterte frustriert in Zeitschriften herum. Die Leute, die ihn wegen seines Golfs anriefen, nervten ihn, da sie versprachen zu kommen und nie erschienen. Also kümmerte er sich einen Tag lang um völlig andere Dinge. Er ging laufen, unternahm etwas mit seinem Nachbarn und ließ los. Am Sonntagnachmittag schließlich klingelte das Telefon und ein junger Mann meldete sich auf die Annonce. Plötzlich wurde er hellhörig, denn es ging nicht um den Golf, sondern um sein Gesuch. Er hatte völlig vergessen, dass er eine Mercedes-Suchanzeige aufgegeben hatte. Das Angebot, das dieser Mann gerade machte, holte ihn sofort aus seiner Lethargie und intuitiv wusste er: Das ist mein neues Auto.

Eine Stunde später war er mit 500 Euro in der Tasche an der beschriebenen Adresse. Zwei Mercedes parkten vor dem Haus. Der erste sah gut aus, ließ ihn aber kalt. Der zweite strahlte und schien fast zu sagen: Ich bin's, auf mich hast du so lange gewartet. Und es war genau das Auto, das verkauft werden sollte. Dieser Wagen entsprach zu 100 Prozent seinen Vorstellungen. Er war absolut makellos, schön und energiereich. Er saß darin wie ein König. Thomas zahlte noch an diesem Abend 500 Euro an und schloss einen Kaufvertrag über 10.000 Euro. Obwohl niemand dabei war, kein Autospezialist ihm zu riet, entschied er sich schnell und sicher.

Thomas fuhr mit seinem alten Golf energiegeladen und mit einem gerade erwachten Mercedes-Bewusstsein nach Hause. Drei Tage später holte er sein neues Auto mit zwei frischen TÜV-Plaketten ab, ließ es durch einen guten Freund sofort anmelden und schraubte fröhlich die neuen Nummernschilder an. Wenige Stunden danach verkaufte er seinen Golf zu einem überraschend hohen Preis. Der Abschluss einer perfekten Verursachungskette. Immer, wenn er in dieses Auto stieg, hatte er gute Laune. Dieses Auto war ein echter Schritt nach vorne. Ihm ging es wunderbar. Selbst sein Chef nahm sein neues Auto wahr und zollte ihm in Form eines leichten Kopfnickens Anerkennung. Was sollte ihn jetzt noch aufhalten, dachte er, kurz bevor sich die nächste Herausforderung ankündigte.

Ängste und Befürchtungen

Thomas schaut Karin mit einem bleichen Gesicht an. „Was mich wirklich verrückt macht, ist meine Angst. Ich habe Angst, es nicht zu schaffen, zu versagen. Angst – immer wieder Angst." Thomas erzählt Karin von dem Vortrag, den er demnächst vor 200 Personen halten soll. „Deine beschriebenen Gefühle sind Befürchtungen, keine Angst", berichtigt ihn Karin. „Doch", widerspricht Thomas, „ich spüre es ganz deutlich, es ist Angst. Wenn ich nur daran denke, bin ich wie gelähmt."

Höre mir einen Moment zu und ich beschreibe dir den Unterschied zwischen Angst und Furcht.

Furcht ist ein Angstgefühl ohne realen Anlass. Angst dagegen ist ein Gefühl mit einem tatsächlichen, also einem realen Hintergrund." „Willst du mir sagen, dass meine Angst, dort oben auf dem Podium zu stehen und kein Wort herauszubekommen, nicht real ist?" Thomas ist verzweifelt, denn er glaubt, dass Karin ihn überhaupt nicht versteht.

„Furcht ist rein hypothetisch!", erklärt Karin stur weiter. „Eine klassische Furcht ist die Furcht vor der Zukunft. Das heißt, du hast Furcht vor Dingen, die vielleicht nie eintreten werden. Mark Twain hat dazu ein wunderbares Zitat in die Welt gesetzt: *Ich hatte in meinem Leben schon jede Menge Befürchtungen – die meisten sind allerdings nie eingetroffen.*"

Eine weitere Furcht ist die Furcht vor Enttäuschung. Die Ursache ist, dass sich der Mensch zunächst einer Täuschung hingibt, die dann Ent-Täuscht wird. Der Mensch ‚täuscht sich gerne', weil er glaubt, dass bestimmte Dinge so sein müssen, wie er es gerne hätte. Einfach, damit sie in sein Weltbild passen. Für mich ist eine Enttäuschung eher ein Grund zur Freude. Zeigt sie mir doch auf, wo ich mich im Leben getäuscht habe. Dadurch bekomme ich einen direkten Hinweis darauf, wo und was ich in meinem Leben ändern kann und muss."

„Furcht entsteht im Kopf. Mein Meister sagte einmal: ‚Befürchtungen sind *Hirnfürze*.' Je mehr du dich mit deiner Furcht beschäftigst, desto größer wird sie. Fällt ein vermeintlicher Grund für die Furcht weg, entstehen sofort drei weitere Befürchtungen. Befürchtungen sind wie ein Geschwür oder ein Virus, sie machen krank und bringen Leiden. Furcht verdirbt einem die Laune und das Leben. Wenn du vor etwas Angst haben solltest, dann vor der Furcht, denn Furcht ist furchtbar."

Die Maßnahmen gegen die Furcht sind diffizil, da sie sich gegen Illusionen und Annahmen richten müssen. Also greifen alle Mittel, die mit dem ‚Loslassen' zu tun haben. Meditieren und Atmen helfen hier sehr gut. Furcht hat keine wirkliche Ursache. Der vermeintliche Grund entspringt reiner Fantasie. Mache einen Realitäts-Check: Du kannst gut reden, dass hast du mir tausendfach bewiesen. Du kannst dich klar ausdrücken, du bist intelligent und siehst gut aus. Du bist trainiert im Lächeln und kennst dein Thema. Vielleicht hast du wenig Präsentationstraining. Aber das kannst du üben. Es gibt also keinen realen Grund für deine Furcht."

„Ja, aber mein Gefühl sagt mir was ganz anderes." Thomas protestiert noch immer. „Ich fühle die Angst oder meinetwegen auch die Furcht. Damals vor 30 Jahren habe ich keinen Ton herausbekommen, als ich vor 50 Besuchern stand und mein Gedicht aufsagen sollte." „Und wie war es im Studium?", fragt Karin. „Ich habe zwar selten etwas vorgetragen, aber es war okay, denn es waren nur Studenten, die mir zuhörten. Jetzt sind es Geschäftsführer und Entscheidungsträger."

Karin schweigt einen Moment und sagt dann: „Frage dich, was im schlimmsten Fall geschehen würde. Sage dir, dass du auch diesen Fall überstehen wirst. Ja, sogar noch gestärkt daraus hervorgehen wirst. Dann richte deine Aufmerksamkeit auf das, was du willst, was du dir wünschst und auf den Applaus nach dem Vortrag. So bekommst du die Furcht in den Griff."

Und wie ist es mit der Angst?", fragt Thomas. „Angst ist ein Gefühl mit *realem Hintergrund*", antwortet Karin. „Wenn Angstgefühle in einem Hochseilgarten aufkommen, ist es sinnvoll die Karabiner noch einmal zu überprüfen. Angst ist ein Warngefühl und nützlich, aber sie bringt uns nicht um. Manchmal ist es wichtig, besondere Schutzmaßnahmen zu ergreifen, wenn man

Angst hat. Angst darf dich NICHT daran hindern, etwas zu tun. Angst ist kein Ratgeber und darf auch nicht zum Entscheider deines Lebens werden."

„Der gestiegene Adrenalinspiegel in einer Angstsituation macht dich entweder kampfbereit oder veranlasst dich, schnell zu flüchten. Man sagt nicht umsonst: Ein Mann ohne Angst ist entweder tot oder ein Narr. Ignoriere die Angst nicht. Schau hin und ergreife Maßnahmen. Angst kann man überwinden und in einigen Fällen sogar abtrainieren. Goethe hat sich zum Beispiel seine Höhenangst abtrainiert, indem er sich jeden Tag hoch oben auf den Kirchturm seiner Stadt begeben hat und dort an einer offenen Tür stand. Unter ihm nur der Abgrund, kein Geländer, kein Fangseil, niemand, der ihn festgehalten hätte." Thomas stellte sich die Situation vor, und es wurde ihm ziemlich mulmig. *Hoffentlich kommt Karin nicht auf die Idee, mir diese Aufgabe zu geben.*

Vielleicht kannst du lernen, mit einem Restrisiko zu leben. Du kennst das Sprichwort ‚No Risk – No Fun'? Ein gewisses Risiko bleibt. Wenn es sich verringern lässt, ohne vom Weg abzukommen, dann sollte man das möglichst tun. Angst ist also ein sehr sinnvolles Gefühl, wenn wir es zur Kenntnis nehmen und konstruktiv damit umgehen. Aus Angst kann Furcht werden, wenn sie nicht mehr begründet ist."

Nach dieser Lehrrede von Karin geht Thomas in sich gekehrt nach Hause. Wenn er Karin glaubt, dann kann er eine flammende Rede halten und seine Befürchtungen über Bord werfen. Das klingt verdammt einfach. Aber so einfach ist das Leben doch gar nicht. Oder etwa doch?

Entscheidungen unter Unsicherheit

Der Vortrag, den er nächste Woche halten soll, nimmt Thomas sehr mit. Seine Befürchtungen nehmen laufend zu und er kann kaum noch schlafen. Er hat seinem Chef immer noch nicht zugesagt. Gerne würde er sich verkriechen und lieber gar keine Entscheidung treffen. Die Antwort von Karin kennt er nur zu gut. Sie sagt: „Machen!" Es fällt ihm diesmal sehr schwer, sie anzurufen und einen neuen Termin auszumachen. Er fühlt sich unter Druck gesetzt. Er soll etwas tun, das er sich nicht zutraut.

Wenn er ganz ehrlich mit sich ins Gericht geht, dann weiß er, dass er es schaffen kann. Und auch Karin ist fest davon überzeugt. Aber es kostet wahnsinnig viel Überwindung und Kraft und zu guter Letzt auch Arbeit. Er hat es zwar nie gegenüber Karin erwähnt, aber eigentlich ist er ein fauler Hund. Wenn er kann, drückt er sich ganz gerne vor zu viel Arbeit. Morgen muss er die Entscheidung treffen, *Ja oder Nein*. Vielleicht sollte er sich überwinden und Karin noch einmal darauf ansprechen.

Statt einer einfachen Antwort, nämlich Ja oder Nein, gibt ihm Karin erneut eine ausführliche Lehrrede zum Thema Entscheidung. Er ist das mittlerweile gewohnt, aber manchmal wäre ihm eine kurze Antwort viel lieber.

Alle Entscheider", sagt Karin, „müssen sich damit abfinden, dass sie Fehler machen. Fehler, die nicht durch noch mehr Information, noch mehr Zeit oder noch mehr Nachdenken vermeidbar sind. Wenn das möglich wäre, ginge es nicht um eine Entscheidung, sondern man könnte die weitere Entwicklung schlussfolgern. Und das ist etwas, was in der realen Welt nur ganz selten möglich ist. Aber natürlich sind alle Egos ständig versucht, aus Entscheidungen Schlussfolgerungen zu machen."

„Ist das nicht dasselbe?", platzt es aus Thomas heraus.

Nein. Eine *Entscheidung ist immer eine Entscheidung unter Unsicherheit.* Das ist die Definition. Wenn es keine Unsicherheit mehr gibt, dann hat man eine Schlussfolgerung vor sich. Eine Entscheidung hat das Potenzial, fatal danebenzugehen. Eine Schlussfolgerung hat im Idealfall eine Erfolgsquote von 100 Prozent. Deshalb können Computer gut schlussfolgern, aber keine Entscheidungen treffen."

„Ist es dann nicht erstrebenswert, so viele Schlussfolgerungen wie möglich zu treffen?", wendet Thomas ein. „Nein, denn oft hast du weder die Zeit, noch die Information so lange zu warten, bis du sicher sein kannst", entgegnet Karin. „Und es gibt überraschend viele Probleme, die nicht mit beliebig viel Zeit oder Informationen zu schlussfolgern wären. Dazu gehören alle Probleme, die sich im komplexen Bereich befinden, in dem die Chaostheorie erbarmungslos zuschlägt."

„Welche sind denn das?", fragt Thomas ein wenig ratlos. „Zum Beispiel Liebesbeziehungen, soziale Kontakte, Aktienkurse, Wettervorhersagen und so weiter. Also alles Dinge, die unser tägliches Leben erheblich beeinflussen." Karin lächelt ihn an. „Aha", brummt Thomas. Der Zusammenhang zwischen Liebesbeziehungen und Wettervorhersagen leuchtet ihm zwar nicht ganz ein, aber vielleicht wird es klarer, sobald Karin weiter spricht. Unklar bleibt auch, wie man unter diesen Voraussetzungen überhaupt eine ordentliche Entscheidung treffen kann. Deshalb stellt er, bevor Karin weiterreden kann, schnell seine Frage: „Wie trifft man eine gute oder richtige Entscheidung? Ist eine Entscheidung nicht eher wie ein Lottospiel oder ein Glückstreffer? Da kann man ja gleich Würfeln ..."

„Gute Frage", antwortet Karin. (Und Thomas wächst vor Stolz um einige Zentimeter.) „Die Antwort auf deine Frage wird etwas theoretisch ausfallen. Aber versuche trotzdem, mir zu folgen." Eifrig nickt Thomas und hört konzentriert zu.

Drei Welten

Es gibt drei Welten, in denen Ereignisse stattfinden können. Die erste Welt ist die lineare Welt. Das ist die Welt des Egos, wo kleine Ursachen kleine Wirkungen haben und große Ursachen große Wirkungen. Und wenn du nichts tust, passiert auch nichts. Wenn du wenig arbeitest, bekommst du wenig, wenn du viel arbeitest, bekommst du viel. In dieser Welt ist alles schön geordnet, stabil und vorhersagbar." Thomas bekommt sofort eine Ahnung, dass diese Welt sicher nicht Karins Lieblingswelt ist.

„Die zweite Welt ist die statistische Welt. Dort treten Dinge mit einer gewissen Wahrscheinlichkeit ein. Wenn du würfelst, dann wird jede Zahl mit einer Wahrscheinlichkeit von 1 zu 6 eintreffen. Je länger man würfelt, desto mehr nähert sich der echte Wert der vorherberechneten Wahrscheinlichkeit. Viele Massenphänomene haben eine so genannte Glockenverteilung. Das ist wie mit den Schulnoten. Ein paar Leute haben die Note 6, ein paar Leute die Note 1. Die meisten sammeln sich um die Note 3 herum. Diese Note ist also die wahrscheinlichste."

Bei diesen Worten erinnert sich Thomas, dass er selbst oft genug bei den Wahrscheinlichen war, aber nur selten bei den richtig Guten. *Dafür war ich aber auch nie bei den richtig Schlechten.* Dieser Gedanke tröstet ihn. Bevor er sich weiter in seinen Erinnerungen über seine alten Schulnoten verlieren kann, spricht Karin weiter.

Die Dritte Welt ist die des Chaos. Dort können ganz kleine Ursachen unglaublich große Konsequenzen haben. Wie der Flügelschlag eines Schmetterlings im Amazonas, der einen Wirbelsturm im Golf von Mexiko auslöst. Oder ein Lächeln vor dem Spiegel hebt deine Laune, du lächelst einmal aus reiner Übung in der Gegend herum, das Lächeln trifft deine Traumfrau, du heiratest und dein Sohn wird der erfolgreichste Außenpolitiker, den wir je hatten."

Das mit dem Lächeln und der Traumfrau gefällt Thomas schon recht gut. Es leuchtet ihm auch ein. Gerne würde er mit diesem Thema weitermachen, aber Karin setzt ihre Ausführungen unbeirrt fort.

„In der chaotischen Welt sind keine Voraussagen über den möglichen Ausgang einer Aktion möglich. Glücklicherweise gibt es in einer chaotischen Welt auch so genannte Flächen von Stabilität, wo der Ausgang einer Handlung vorhersagbar oder wenigstens statistisch ist. Aber manchmal rutscht man von dieser Fläche ab und das Unerwartete, Unwahrscheinliche und Unvorhersehbare passiert. Das ist die Welt der praktischen Magie."

Thomas kratzt sich ungläubig am Kopf. Schon wieder das Wort *Magie*. Er hält sich selbst für einen sehr rationalen Menschen und von der Chaostheorie hat er bei Karin bereits gehört. Mit Scharlatanen oder faulen Zaubertricks wollte er nie etwas zu tun haben. Und auch Karin hat nie den Eindruck gemacht, sie würde ihn mit Tricksereien an der Nase herumführen. Im Gegenteil, sie ist eine Frau, die fest im Leben steht, klare Ziele und Vorstellungen hat. Warum also jetzt mit *Magie* anfangen? Er will doch kein zweiter Houdini werden …

Karin scheint seine Gedanken zu erraten, weshalb sie ihm sofort eine Antwort präsentiert: „Das mit der Magie ist einfach nur eine korrekte Beschreibung des Sachverhaltes. Bis vor wenigen Jahrzehnten hatte man in der Wissenschaft überhaupt keine Ahnung davon, was es mit chaotischen Verhältnissen auf sich hat. Die Chaostheorie selbst ist weniger als 40 Jahre alt. Davor haben alle Wissenschaftler postuliert, dass man mit genügend

Wissen alle Geschehnisse in der Welt beliebig genau vorhersehen könnte. Na ja, nicht alle Wissenschaftler. Die Atomphysi-
ker wussten bereits seit Anfang des letzten Jahrhunderts, dass
dem nicht ganz so sein kann. Aber das wurde allenthalben als
Spezialfall betrachtet."

Die Einzigen, die immer schon um das Geheimnis der chaotischen Welt wussten, in ihr gelebt und gearbeitet haben, waren
die so genannten Magier. Deshalb rede ich aus alter Tradition
von praktischer Magie. Das hat nichts mit Hokuspokus zu tun,
sondern ist die praktische Umsetzung von Erkenntnissen und
Wissen, das die Menschheit schon sehr lange besitzt. Vielleicht
konnten die Neandertaler kein Auto bauen und kein Rad er-
finden, aber vorhersehen, wo sich der Säbelzahntiger verste-
cken würde, das konnten sie. Und das ist mehr, als der moderne
Mensch hinbekommen würde. Trotz all seiner Technik."

Navigation im Chaos

Gut", sagt Thomas. „Was mache ich denn jetzt in dieser chaotischen Welt, in der nichts vorhersagbar ist? Wie komme ich zu
guten Entscheidungen? Raten?"

„Das ist nicht weit weg von der Wahrheit", antwortet Karin.
„Es kommt darauf an, gut zu raten. Wir haben dafür ein un-
schätzbares Hilfsmittel, nämlich unser Gehirn. Das funktioniert
nach denselben chaotischen Prinzipien, nach denen diese Welt
aufgebaut ist. Einfach gesagt: Wir können uns mit dem Lauf
der Welt, den chaotischen Wechselspielen synchronisieren und
relativ gute Voraussagen treffen. Das nennt man gemeinhin
Intuition. Eine gute Intuition ist wie ein Autopilot im stürmi-
schen Chaos. Es weist uns den Weg und bringt uns ans Ziel."

„Und wie bekomme ich eine gute Intuition?", fragt Thomas, obwohl er schon einen leisen Verdacht hatte, was folgen würde.

„Meditation ist eines der großen Hilfsmittel, eine funktionierende Intuition zu bekommen. Solange das Radio unseres Egos dazwischenfunkt, haben wir keine Chance, auf die leise Stimme der Intuition zu hören. Erst im meditativen Zustand ist unser Geist ruhig genug. Und dann sind wir in der Lage, schnelle und korrekte Entscheidungen zu treffen. Doch dazu später mehr. Jetzt wird erst einmal … MEDITIERT …"

Nach der gemeinsamen Meditation, die diesmal ungewöhnlich gut funktioniert hatte, fühlt sich Thomas ziemlich frisch und erholt. Nicht einmal sein Bein ist eingeschlafen. Und als ihm Karin mitteilt, dass sie sogar länger als 30 Minuten gesessen hatten, war er richtig stolz auf sich: *Ich mache also doch Fortschritte …*

Karin sieht, wie ihr Schüler aufblüht. Sie sieht seine persönliche Energie auf einmal in einem hellen Energieball aufleuchten. *Jetzt hat er es begriffen. Auch wenn er es selbst noch nicht weiß, aber er hat seine erste große Hürde ganz alleine bewältigt.* Sie fährt fort, denn es gibt noch einige wichtige Punkte zu besprechen.

Gute Entscheidungen

Um gute Entscheidungen zu finden, gibt es neben der Meditation noch einige Regeln und Hilfsmittel. Erstens musst du mit deinen Fehlentscheidungen, die unvermeidbar sind, leben können. Der italienische Mathematiker Pareto hat das nach ihm benannte Pareto-Prinzip erfunden, welches besagt, dass man durch geeignete Maßnahmen ein Verhältnis von 80 zu 20 erreichen kann. 80 Prozent richtige Entscheidungen, 20 Prozent falsche. Ein besseres Verhältnis ist nicht drin. Deshalb gewöhne dich daran, dass mindestens 20 Prozent deiner Entscheidungen falsch sein werden. Die restlichen 80 Prozent müssen einfach gut genug sein, um den Verlust wettzumachen. Und wenn du weißt, dass jede fünfte Entscheidung sicherlich falsch ist, wirst du eine gewisse Sensibilität entwickeln, eine falsche Entscheidung rechtzeitig, das heißt so früh wie möglich, zu korrigieren. Das ist das Geheimnis aller erfolgreichen Entscheider, wie zum Beispiel Manager und Feldherren. Schon Napoleon hat gesagt: *Die schlechteste Entscheidung ist: gar keine Entscheidung zu treffen!* Und damit hatte er recht."

„Weiter: Versuche die Wirklichkeit zu sehen, wie sie ist, oder anders ausgedrückt: Schaue hin, ohne zu werten. Auf deinen Vortrag bezogen heißt das: Du hast das Angebot bekommen, ihn zu halten, sowie alle Fähigkeiten, die du für den Vortrag brauchst. Lass alle Gefühle, Meinungen und Wertungen beiseite."

„Beruhige dein Ego, das dir dauernd dazwischen redet. Höre all die Gegenstimmen, aber gebe ihnen keine Aufmerksamkeit und lass sie vorüberziehen. Atme aus und bleibe ruhig. Ich wiederhole es gerne, ein prachtvoll wirkendes Mittel ist die Meditation. Bei Bedarf kannst du auch häufiger meditieren als einmal am Tag." Nach der heutigen Meditationserfahrung konnte sich Thomas sogar vorstellen, mehrmals am Tag zu meditieren. Dann aber schob er den Gedanken schnell beiseite: Übertreiben wollen wir ja nicht …

Stelle dir deine Zielsituation vor. Wie wird es sein, wenn du oben auf der Bühne stehst. Wie fühlst du dich, wenn die Zuschauer dir gebannt zuhören? Wie fühlt es sich an, wenn dir alle applaudieren? Mit Bildern und passenden Gefühlen wird eine Entscheidung klarer. Je besser und detaillierter du dir die Situation vorstellst, desto einfacher fällt dir die Entscheidung.

Male dir aus, wie es werden soll!" Das konnte Thomas sich überraschenderweise sehr gut vorstellen. Je mehr er in diesen Gedanken hineinging, desto mehr ähnelte das gedachte Ende seines Vortrags einer Oscar-Verleihung, bei der er selbst der gefeierte Star war.

Höre auf deine Intuition. Die Intuition ist ein sehr schneller Gedanke. Und Intuition ist immer wahr. Greifbar wird sie nur durch das Absenken der Aufmerksamkeitsschwelle. Je mehr Erinnerungen, Erfahrungen und Wissen dir zur Verfügung stehen, desto exakter sind die Intuition und damit das Bild, welches uns zur richtigen Entscheidung leitet. Die Methode zum Absenken der Aufmerksamkeitsschwelle ist wieder Meditation. Aber das hast du dir sicher schon gedacht." *Meditation scheint ja so was wie ein Allheilmittel zu sein*, schießt es Thomas durch den Kopf. *Vielleicht ist das mehrmalige Meditieren am Tag doch keine Übertreibung …*

„Dein Chef hat dir diesen Vortrag angeboten. Wenn du Chancen im Leben bekommst, dann sind sie für dich. Nutze sie und vertraue dem Leben, dass sie genau jetzt richtig sind. Sei bereit, die Konsequenzen zu tragen. Egal, wie du dich entscheidest, du trägst die Konsequenzen deiner Entscheidung. Mache sie dir bewusst und wäge ab. Dabei ist es wichtig, Ziele ordentlich zu formulieren. Ziele sind eine wesentliche Orientierungshilfe für Entscheidungen."

Und zum Schluss bleibt das Üben. Treffe immer wieder Entscheidungen. Übung macht den Meister. Sei dir jederzeit klar, dass eine Entscheidung immer unsicher ist. Und dass es nicht leichter wird, wenn man noch mehr Fakten hat. Im Gegenteil, es kann zu einer Blockade führen, die im schlimmsten Fall zu einer Nicht-Entscheidung führt. Wenn du nicht entscheidest, entscheidet jemand anderer. Willst du das?" Nein, das wollte er natürlich nicht. Er schüttelte den Kopf und bevor er etwas sagen konnte, sprach Karin schon weiter. Heute geht es aber Schlag auf Schlag. *Hoffentlich weiß ich später noch alles, wenn ich es aufschreibe ...*

„Treffe die Entscheidung jetzt – in diesem Moment!", ermuntert ihn Karin. Thomas atmet heftig. Seine Aber-Einwände, Unsicherheiten und Widerstände kommen hoch. Er spürt Kälte und Hitze gleichzeitig und lässt alles vorbeiziehen. „Okay, ich mach's." Ein Stein fällt ihm vom Herzen und Karin sieht sehr, sehr zufrieden aus.

Der Vortrag war richtig gut. Es gab zwar einen Versprecher und eine Pause, da er sich im Manuskript verirrt hatte. Aber darauf hat ihn nie jemand angesprochen. Er hat die Aufmerksamkeit der Zuhörer gespürt und sich im Applaus gesonnt. Die Entscheidung, den Vortrag zu halten, war eindeutig richtig. Nach dem Vortrag hat ihm sogar eine ausgesprochen attraktive blonde Frau zugezwinkert. Das ist ihm schon sehr lange nicht mehr passiert.

Beschwingt fährt Thomas nach Hause. Er resümiert, was seit Beginn seiner Ausbildung bei Karin in seinem Leben so alles passiert ist: Er kleidet sich angemessen und elegant und sieht in seinem Anzug richtig gut aus. Er hat ein neues Auto, er hält Vorträge, er hat eine gerade Körperhaltung und lächelt. Seine Ausstrahlung wirkt offensichtlich auf Frauen. Und nicht zu vergessen: Er verdient wesentlich mehr Geld als vorher.

Ob Karin all diese Änderungen bei ihm registriert hat? Was für eine Frage. Natürlich hat sie das, nur reagiert sie nicht so darauf, wie er es sich vorgestellt hat. So, wie ein Mann sich das eben wünscht. Zwischen ihm und Karin besteht immer noch eine Distanz, aber da ist andererseits auch eine starke Verbun-

denheit. Ob das wohl an diesem Mann liegt, den Karin ab und
zu erwähnt? Diesen *Meister?* War sie mit ihm zusammen? War
das ihr Lebenspartner? Bisher hatte Karin ihn immer nur im
Zusammenhang mit der Ausbildung erwähnt. Er wird sie einfach mal direkt nach dem Meister fragen. Vielleicht erfährt er
dann mehr.

4
Der Meister

Karins Vergangenheit

Thomas schaut Karin an. Sie sitzt ihm gegenüber und wirkt so stark und kraftvoll und gleichzeitig zart und weich. Er spürt seine aufkommenden Gefühle und stellt schnell die Frage, die ihn schon lange beschäftigt hatte: „Karin, woher hast du deine Fähigkeiten und dein Wissen und bei wem hast du gelernt? Du hast ab und zu einen Meister erwähnt, aber nie mehr über ihn erzählt. War dieser Meister dein Lehrer oder …?"

Karin lächelt ihn sanft an, als er nach ihren Ursprüngen, nach ihrem Lehrer fragt. „Ich hatte keinen Lehrer", erwidert sie fast ein wenig schelmisch, „sondern, wie du bereits richtig gesagt hast, einen Meister. Ich habe bei einem Meister gelernt!" „Ich kenne auch Meister, Meister der Handwerkskunst mit einem Handwerkskammer-Zertifikat …" Thomas versucht diesen emotionalen Moment mit einem Witz aufzufangen.

Karin macht ihre typische unwirsche Handbewegung und ist wieder voll in ihrem Element. „Mein Lehrer ist Meister auf dem Weg der Lebensführung und Zielerreichung. Als Buddhist und ZEN-Mönch schult er das Ego seiner Schüler. Ich habe ihn damals getroffen in …" „Japan", vollendet Thomas den Satz und erhofft sich wegen seiner durchaus logischen Antwort ein Lob.

„Falsch! Ganz falsch!" Karin lacht laut auf, sie schüttelt sich förmlich aus vor Lachen und kann gar nicht wieder aufhören. Sie prustet, gluckst und versichert ihm, dass sie nicht über ihn lacht, höchstens ein bisschen. „Ich lache", sagt sie, „weil ich immer lache, wenn ich an den ersten Kontakt mit meinem Meister denke." Lustig war es damals überhaupt nicht, aber mit Abstand betrachtet, hatte die Situation durchaus etwas Humorvolles. „Ich traf meinen Meister in einem Fitnessstudio."

„Vor etwa 14 Jahren wog ich ein paar Pfund zu viel und war unglücklich mit meinem Leben, meinem Körper und meinen Beziehungen. Fast täglich quälte ich mich mit Übungen. Eher lustlos und unmotiviert. Mit meinem Fitnesstrainer verstand ich mich gut und so fragte ich ihn, ob er nicht jemanden kennt, der mir in meinem Leben weiterhelfen kann. Ohne auch nur einen Moment nachzudenken, zeigte er auf einen Mann."

Ich traute meinen Augen nicht. Ich sah einen kugelrunden, kahl geschorenen Buddha, der fröhlich auf einem Minitrampolin hüpfte, das in etwa denselben Umfang hatte wie sein Bauch. Das sollte jemand sein, der mir weiterhelfen kann? Was hatte ich zu verlieren? Ich kam mit ihm ins Gespräch und er sagte mir kurz ein paar Wahrheiten, die alle zutrafen. Da stand ich nun, wie vom Blitz getroffen mit allen Wahrheiten meines Lebens konfrontiert – ausgesprochen von einem hüpfenden Buddha auf einem Minitrampolin. Ich wusste sofort, dass mein Leben nicht mehr so weitergehen würde wie vorher und wurde seine Schülerin. Diese Jahre waren dank dieser Begegnung die interessantesten meines Lebens."

„Meinst du, es wäre möglich, diesen Meister einmal zu treffen?", fragt Thomas vorsichtig, „ich würde ihn sehr gerne kennenlernen." „Das trifft sich gut", sagt Karin, „er hat mich schon nach dir gefragt."

„Er will mich kennenlernen?", fragt Thomas ungläubig. „Wieso mich? Ich bin doch nur ein ganz normaler Typ?" „Weil du auf dem Weg bist, dein Leben in die Hand zu nehmen und zu ändern. Das ist Grund genug."

Als Thomas den Meister trifft, ist er sehr überrascht, denn vor ihm steht ein braungebrannter großer kräftiger Mann mit strahlend blauen Augen in einem dunkelgrauen Maßanzug. Der Meister sieht den irritierten Blick, schaut zu Karin und sagt lächelnd: „Du hast ihm von unserer ersten Begegnung auf dem Minitrampolin erzählt!" Sie nickt und er sagt: „Leben ist Änderung. Die äußere Erscheinung ist eine Illusion, nur Schall und Rauch." Thomas ist beeindruckt. Dieser Mann ist so präsent, wie kaum ein anderer. Er ist fasziniert und gleichzeitig fühlt er sich durch seinen Blick durchbohrt, bis auf den Grund seiner Seele durchschaut. Ob es irgendetwas gibt, das diesem Menschen verborgen bleibt?

Eine Lehrrede vom Meister

Ich freue mich, dich kennenzulernen." Der Meister begrüßt Thomas herzlich und schaut ihn fragend an. Thomas fühlt sich unsicher und weiß nicht so richtig, wie es weitergeht. Der Meister ergreift das Wort. „Hast du eine Frage an mich oder möchtest du etwas wissen?" Thomas zögert erst und plötzlich weiß er, was ihn schon lange bewegt: „Was ist die Essenz, der Sinn der ganzen Ausbildung?" „Das ist eine gute Frage!", spricht der Meister. Er nickt Karin kurz zu und beginnt.

„Die erste Essenz dieser Ausbildung ist die Egoschulung. Wozu mache ich die Egoschulung? In erster Linie aus einem einzigen Grund: *Damit ihr in der Lage seid, zu ändern.* Deshalb ist die primäre Aufgabe des Lehrers, das Ego seiner Schüler zu schulen."

Was ist eigentlich dieses ominöse Ego?", wirft Thomas schnell ein. Zigmal hatte Karin davon gesprochen, aber eine echte Erklärung hatte er nie bekommen. „Einfach gesagt alles, was du mit ICH bezeichnen kannst. Deine Gedanken, deine Gefühle, dein Körper. Das Ego eines Menschen entwickelt sich mit etwa drei Jahren. Davor läuft der Mensch im genetisch programmierten Automatikmodus, nämlich der Gefühlssteuerung. Wenn ein Kleinkind etwas mag, dann lacht es, wenn nicht, dann schreit es. Diese Gefühlssteuerung ist sozusagen das ‚Urbootprogramm' unserer Gene. Mehr Information passte offensichtlich nicht in die Gene hinein. Aber es reicht, um uns die ersten paar Lebensjahre überleben zu lassen. Interessanterweise verlassen viele Menschen diese Gefühlssteuerung nie: Sie leben ihr ganzes Leben in diesem Automatikmodus. Sie werden niemals erwachsen."

„Aber so war das vom Leben niemals gedacht. Diese Gefühlssteuerung ist sehr verführerisch, denn sie ist schon älter als wir selbst. Und da diese Gefühle eigens aus uns heraus kommen, also offensichtlich nicht von außen sind, und wir diese schon so lange in uns haben, vertrauen wir ihnen sehr oft mehr als allen anderen Informationen."

Dumm ist nur, dass diese Gefühlssteuerung nie für mehr gedacht war, als uns die ersten paar Lebensjahre überleben zu lassen. Wenn der Mensch als Erwachsener Dinge tut, nur weil er dies oder das fühlt, dann handelt er wie ein Neugeborenes. Und das ist fatal. Handeln aus Wut, Zorn, Lustgewinn, Faulheit bringt nichts anderes als Leid, Ungemach und Schulden. Zudem sind diese Gefühle ein offenes Einfallstor für jede Art von Manipulation. Das erste Gesetz der Werbung ist zum Beispiel, den Käufer zunächst einmal zu emotionalisieren. Dann ist der Rest ein Kinderspiel. Warum wohl?" Der Meister macht eine kleine Pause, bevor er weiter spricht.

Sicherheit, Stabilität und Vorhersagbarkeit

Das Ego will genau drei Dinge: *Sicherheit, Stabilität und Vorhersagbarkeit*. Abgekürzt SSV. Unglücklicherweise lässt sich Lebenssinn und Lebensglück nur in den Bereichen finden, die instabil, unsicher und nicht vorhersagbar sind. Also genau im Gegenteil. Solange wir dennoch unserem Ego nachgeben, werden wir weder Lebenssinn noch Lebensglück erfahren. Sondern lediglich ständiges Leiden. Wie es schon der Buddha vor 2500 Jahren sagte ..."

„Unser erwachsenes Leben spielt sich jenseits der SSV-Insel ab. Nämlich in einem unentdeckten Land. Wo es unsicher, instabil und nicht vorhersagbar ist. Da will kein Ego hin. Die Kinderegos bleiben alle auf ihrer schönen kleinen Egoinsel und richten es sich möglichst sicher, stabil und vorhersagbar ein. Ab und zu mal kommt das Leben mit einem Sturm und reißt ein Stück dieser Insel ein. Mit der Zeit wird diese Insel immer kleiner, das Leben immer ereignisloser. Ohne Sinn, ohne Spaß, ohne Ziel. Ohne Glück."

Gleichzeitig halten sich alle Egos dieser Welt für großartig, individuell und einzigartig. Besonders ihre Gedanken und Gefühle ...", der Meister lacht schallend, „wenn du wirklich Künstler werden willst, wirklich individuell, wirklich einzigartig, wirklich kreativ, wirklich einen Beitrag in dieser Welt leisten willst, dann musst du raus aus dem Kinderego. Dann musst du in dieses unentdeckte Land hinein. Ansonsten bist du einer von Milliarden von Superstar-Träumern."

„Alle Kinderegos auf dieser Welt sind gleich, was an sich ein erstaunlicher Umstand ist. Deshalb ist die Reaktion eines einzelnen Egos auch relativ gut durchschau- und manipulierbar. Einzigartig, also ein Individuum, wirst du erst, wenn du erwachsen wirst und dich entscheidest, die angeborene Sehnsucht nach Sicherheit, Stabilität und Vorhersagbarkeit hinter dir zu lassen."

Wieder macht der Meister eine kleine Pause. Thomas musste sich eingestehen, dass auch er sich meist von seinen Gefühlen treiben lässt und dass ihm heroische Superstar-Träumereien nicht fremd waren. Aber es hat halt nie funktioniert. Sonst würde er ja jetzt nicht hier sitzen.

Der Meister spricht weiter: „Alles, was dieses Leben ausmacht, was Sinn gibt, existiert jenseits des Kinderegos. Das heißt du musst das Kinderego überwinden." „Landen wir jetzt wieder bei der Änderung?", fragt Thomas intuitiv. Der Meister wirft erst Karin und dann Thomas einen anerkennenden Blick zu. „Du hast ihm schon viel beigebracht", lobt er und lächelt. „Genauso ist es, du verlässt das Kinderego, indem du zunächst einmal alles anders tust, wie du es immer getan hast. Das ist Ändern, der einzige Weg hin zum Individualismus. Werde ein wirkliches Individuum – einzigartig und erstaunlich. Ändern ist der Schlüssel."

Eine Definition von Änderung

Weißt du die Definition von Änderung?", fragt der Meister mit Blick auf Thomas. Der weiß auf die Schnelle nicht, welche Antwort von ihm erwartet wird und murmelt deshalb etwas Unverständliches vor sich hin.

„Kein Problem", antwortet der Meister, „ändern bedeutet: kontinuierlich anders Tun wie vorher. Die Betonung liegt auf ‚TUN' und ‚kontinuierlich'."

„Der erste Aspekt, nämlich TUN, bestimmt eine Tätigkeit. Hier eine kleine Liste, was alles NICHT dazugehört, obwohl unser Ego das gerne als Änderung verkauft: anders fühlen, anders denken, andere Ansichten, mehr Wissen, weniger Vorurteile, ein anderer Job, ein anderer Partner. Diese Liste lässt sich fortsetzen. Das sind alles keine Änderungen, weil es kein TUN ist, auch, wenn es dir schwer fällt, das einzusehen. Im Gegenteil: Diese Dinge nimmt das Ego her, um uns vorzugaukeln, wir hätten etwas geändert, obwohl wir weiter genauso handeln wie vorher. Nach dem Motto: *Ich tu zwar nach wie vor dasselbe, aber ich habe jetzt ein gaaanz anderes Bewusstsein dazu ...*"

„Der zweite Aspekt ‚kontinuierlich' besagt, dass eine Änderung heute anfängt und dann bis zum Lebensende weitergeht. Es sei denn, man ändert wieder. Was NICHT dazugehört ist: ausprobieren, testen, versuchen, hoffen, durchhalten ..." „Wieso durchhalten?", wirft Thomas ein.

Wenn du eine Änderung damit beginnst, dass du sie ‚durchhalten' musst, dann sagst du indirekt bereits, dass du nach dem ‚Durchhalten' auch endlich wieder ‚loslassen' und dich ‚ausruhen' darfst. Was übersetzt bedeutet, dass du endlich wieder mit deinem gewohnten alten Tun weitermachen kannst. Viele Menschen ‚verändern' sich aufgrund von Druck oder Zwang. Wenn dieser Zwang aufhört, werden sie ihr altes Verhaltensmuster wieder aufnehmen. Als würden sie von einem Gummiband zurückgezogen. Und das ist in Summe keine Änderung."

„Ich weiß aber, dass ich in meinem Leben schon viel geändert habe", rechtfertigt sich Thomas. „Nach deiner Theorie wäre das ja gar nicht möglich gewesen?"

„Es gibt glücklicherweise einen Mechanismus, der uns zu Änderung zwingt", antwortet der Meister, „und dieser Mechanismus heißt Leidensdruck. Das Leben lässt einfach nicht zu, dass wir ein ganzes Leben ohne Änderung verbringen. Also sendet uns das Leben in seiner Gnade immer wieder Probleme.

Und Probleme werden nur dadurch endgültig gelöst, indem du dich änderst."

Lass mich dir zu diesem Thema eine meiner Lieblingsgeschichten erzählen.

Des Meisters Lieblingsgeschichte

Der Bauer und sein Esel

Ein Bauer ging auf den Markt, um einen Esel zu kaufen. Der Händler zeigte ihm ein besonders prächtiges Exemplar. „Warum ist dieser Esel so teuer?", fragte der Bauer. „Weil es ein ganz besonderer Esel ist", antwortete der Händler. „Dieser Esel hört aufs Wort. Du fasst ihn am Ohr und flüsterst ihm leise hinein, was du von ihm willst. Und er macht es sofort!"

Erfreut zahlte der Bauer den geforderten Preis von zwei Goldstücken und führte den Esel an der Leine nach Hause. Dort angekommen wollte er den Esel gleich ausprobieren. Deshalb spannte er ihn vor seinen Karren und flüsterte ihm ins Ohr: „Esel lauf." Aber der Esel blieb stehen. Er rührte sich nicht von der Stelle. Der Bauer versuchte es mit Schmeicheleien, Drohungen, Versprechen. Aber der Esel blieb stur.

Erbost löste der Bauer den Esel vom Zuggeschirr, legte ihm wieder das Seil um und zerrte den Esel zurück zum Markt.

Sofort als der Bauer den Händler erblickte, stürzte er sich auf ihn und schrie: „Du hast mich belogen und betrogen. Der Esel macht nichts von dem, was ich ihm sage. Ich will mein Geld wiederhaben!" „Ganz ruhig", antwortete der Händler. „Zeig mir doch erst einmal, wie du ihn angesprochen hast."

Der Bauer schaute verdutzt und sagte dann: „Genau wie du es mir gesagt hast. Ich habe ihn am Ohr gepackt und leise hineingesprochen."

"Komm, ich zeige dir, wie es geht." Der Händler ging zum Esel. Dort angekommen schaute er nach links und rechts, nahm ein Vierkantholz auf, das auf der Straße lag und ‚BAMM!', schlug damit auf den Schädel des Esels. Dann nahm er das Ohr des Esels und flüsterte „Esel, mach eine Pirouette". Und der Esel drehte Pirouetten.

Der Bauer traute seinen Augen nicht. „SO hast du mir das aber nicht erklärt. Warum hast du den Esel geschlagen? Du hast doch gesagt, dass ich ihm nur ins Ohr flüstern muss?"

„Ja, ja, richtig", erwiderte der Händler, „aber du musst vorher erst seine Aufmerksamkeit erringen!!"

Leidensdruck

Der Meister lachte schallend über seine eigene Geschichte. „Das Leben ist genauso", sprach er, als er sich beruhigt hatte. „Zuerst flüstert es dir die Änderungen leise ins Ohr. Aber du kannst diese leise Stimme noch leicht ignorieren. Dann wird die Stimme lauter. Die Probleme dringlicher. Aber du ignorierst immer noch. Irgendwann holt das Leben den Vierkant hervor und haut dir auf den Schädel. BAMM. Dann hörst du zu."

„Wenn du vermeiden willst, dass der Vierkant in Form von Leidensdruck auf deinem Schädel landet, dann musst du lernen zu ändern, wenn die Stimme noch leise ist, wenn man noch gut drum herumkommen könnte, wenn es noch nicht wehtut. Oder: Wenn Karin dir eine Aufgabe gibt." Der Meister zwinkerte Karin zu.

„Wenn du glaubst, ein Problem lösen zu können, ohne dich zu ändern, zum Beispiel indem du es aussitzt, ignorierst, wegziehst, den Job wechselst und so weiter, kommt das Problem irgendwann wieder. Verschärft!"

„Dadurch wissen wir übrigens auch immer sehr genau, ob wir genügend und an der richtigen Stelle geändert haben: nämlich genau dann, wenn das Problem nicht mehr zurückkommt. Oder anders herum gesagt: Wenn das alte Problem wieder auftaucht, haben wir uns einer Illusion hingegeben und nicht genügend geändert."

Irgendwann tut jedes ungelöste Problem so weh, dass du dich lieber änderst, als es weiter durchzustehen. Das passiert etwa alle drei Jahre. Dann donnert das Vierkantholz des Lebens auf deinen Kopf. Wenn man von 60 guten Lebensjahren ausgeht, kann man sich ausrechnen, dass jeder Mensch etwa 20 bedeutsame Änderungen in diesem Leben machen wird. Mal mehr, mal weniger … Und immer sind diese erzwungenen Änderungen mit Leiden verbunden. Deshalb trainieren wir in dieser Ausbildung, schnell und präzise und freiwillig zu ändern. Wenn du schon änderst, bevor die Stimme des Lebens lauter wird, dann bekommst du auch keinen Leidensdruck."

„Wie schon gesagt, macht ein durchschnittlicher Mensch alle drei Jahre eine Änderung. Schüler können lernen, alle drei Sekunden zu ändern. Das ist der Spitzenwert, der erreichbar ist. Zwischen drei Jahren und drei Sekunden liegt ein ganzes Universum. Je schneller du änderst, desto geringer ist dein Leiden und desto besser und glücklicher ist dein Leben. Ich glaube, Karin wird dir noch mehr darüber erzählen …" Der Meister lächelte Karin mehrdeutig an und sie lächelte artig zurück. *AHA, dachte Thomas, da könnte eine interessante Geschichte dahinter stecken. Ich bin gespannt, wann Karin mir davon erzählen wird.*

Der Recht-Haben-Wollen-Effekt

Manchmal", so fuhr der Meister fort, „will unser Ego ums Verrecken recht haben. Das meine ich wortwörtlich. Normalerweise liebt das Ego nichts mehr wie Sicherheit, Stabilität und Vorhersagbarkeit. Bis auf eine Ausnahme: wenn es recht haben will. Dann tritt alles andere in den Hintergrund und das Ego ist tatsächlich eher bereit, zu sterben, als zuzugeben, dass es nicht recht hat."

„Meinst du damit Selbstmörder?", fragte Thomas. „Unter anderem", gab ihm der Meister recht, „aber das Verrecken kann auch das Aufgeben eines Jobs oder einer Verpflichtung, einer Familie oder von Kindern sein. Oder generell die Aufgabe einer funktionierenden Zukunft zugunsten einer fixen Idee. Wenn man später noch dazu kommt, stellt sich danach immer die Frage, wofür man das alles aufgegeben hat. Doch nur, um mit irgendetwas völlig Irrelevantem, das einem damals jedoch unglaublich wichtig erschien, recht zu haben."

Ich muss in diesem Zusammenhang immer an eine Geschichte aus meiner Jugend denken, lange bevor ich mit dem Ausbilden von Schülern begonnen habe. Ich war damals ein sehr von sich selbst überzeugter Software-Ingenieur bei einer bekannten Computerfirma. In dieser Firma gab es einen Prokuristen, dem meine selbstgefällige Art ziemlich auf die Nerven ging. Eines Abends bekam ich durch Zufall mit, wie er mit meinem damaligen Chef ein Streitgespräch hatte. Dieser Streit ging um mich und meine *unmögliche* Art. Irgendwann stellte der Prokurist dem Chef ein Ultimatum: *Entweder ER geht oder ICH!*"

„Als mein Chef nicht sofort auf das Ultimatum eingehen wollte, lief der Prokurist wutschnaubend in sein Büro, schrieb seine Kündigung, warf sie meinem Chef auf den Schreibtisch und verschwand. Erst später habe ich vom Chef erfahren, dass der Prokurist ihm gar keinen größeren Gefallen hätte tun können, denn er war durch seine lange Betriebszugehörigkeit und sein Alter praktisch unkündbar. Aber mit dem Alter kamen auch einige seltsame Eigenheiten und Führungsschwächen, die sich mittlerweile sehr negativ auf das Betriebsklima ausgewirkt haben."

„Kurz und gut: Als der Prokurist am nächsten Morgen zurückkam und reumütig und kleinlaut seine überstürzte Kündigung zurücknehmen wollte, sagte mein Chef einfach: *Nein!* Das war's dann. Der Prokurist hat für sein Rechthaben eine sehr gute und unkündbare Stellung aufgegeben. Und wofür das alles? Nur um recht zu behalten wegen eines zugegebenermaßen aufsässigen und vorlauten jungen Angestellten!" Der Meister schmunzelte und sagte: „Ich bin halt auch nicht so auf die Welt gekommen, wie ihr mich jetzt kennt …"

Hinschauen, akzeptieren und verändern

Der Meister machte eine kurze Pause und schien darüber nachzudenken, was er als nächstes sagen will. „Um an den Anfang meiner Ausführungen über das Ändern anzuknüpfen, erzähle ich dir noch, wie Änderung praktisch funktioniert. Änderung besteht aus drei Schritten: dem Hinschauen, Akzeptieren und Verändern. Jede tatsächliche Änderung durchläuft diese drei Phasen."

Phase eins ist das Hinschauen. Diese Übung wird Karin sehr intensiv mit dir durchführen, bis du es beherrschst. Es geht darum, alles, was dir passiert, alles, was dir gesagt wird und alles, was um dich herum passiert, zu beschreiben, ohne eine Wertung zu verwenden. Ohne die Worte, gefällt mir, gefällt mir nicht, mag ich, mag ich nicht, blöd, dumm, hinterhältig, immer, alle, nie und so weiter, zu verwenden. Ich glaube, du hast den Sinn verstanden!" Thomas nickte emsig.

Phase zwei ist das Akzeptieren. Hier erst wird das Ego mit all seinen innewohnenden Gefühlen, Rechthabereien und seinem Selbstbild mit den ungewerteten Fakten konfrontiert. Da diese nicht gewertet sind, hat das Ego die Möglichkeit, diese Fakten als wahr und als seine eigenen zu akzeptieren. Jedenfalls nach einem gewissen inneren Kampf. Fakten, die mit Wertung behangen sind, werden von einem Ego grundsätzlich nicht akzeptiert, sondern entweder geleugnet, verdreht, als Lüge deklariert oder verformt. So lange, bis das gewertete Faktum wieder zum eigenen Selbstbild passt und man beruhigt so weitermachen kann wie bisher."

„Wenn deine Umgebung dein Verhalten als dumm, blöd und total kindisch bewertet, wird dein Ego alles versuchen, die Fakten zu verdrehen oder das Geschehene komplett zu leugnen. Nur, um weiterhin gut dazustehen. Wenn du aber selbst alle Wertungen aus den Aussagen deiner Umgebung herausnimmst, bleiben möglicherweise nur einige Verhaltensmuster übrig, die nicht funktionieren. Die solltest du ändern, damit dein Leben in dieser Umgebung besser funktioniert."

„Diese einfachen und ungewerteten Aussagen kann dein Ego zur Kenntnis nehmen. Es wird zu dem Schluss kommen, dass es ja *gar nicht so schlimm* und ehrenrührig war, wie es zuerst den Anschein hatte. Ja, das Ego wird die Tatsachen sogar vor Dritten zugeben können, weil es ja gar nicht so schlimm ist. Und dann erst kann die Veränderung beginnen. Oder die Heilung. Je nach Sichtweise."

Phase drei ist das Verändern. Erst, wenn du etwas ohne Wertung beschreibst und das Ego es akzeptiert, kannst du es auch verändern. Du kannst es in Besitz nehmen. Verändern oder loslassen kannst du immer nur das, was du vorher in Besitz genommen hast. In diesem Fall also das, was du akzeptiert hast."

„Also merke dir: hinschauen, akzeptieren, verändern. Das ist der Weg, ein anderer Mensch zu werden. *Der Weg der Änderung.*" Der Meister drehte sich zu Karin und sagte: „So, jetzt habe ich genug erzählt. Ich glaube, ihr habt jetzt ausreichend Stoff, an dem ihr arbeiten könnt."

Der Meister sah Thomas mit seinen strahlend blauen Augen an, schaute so richtig zufrieden und schüttelte ihm kräftig die Hand. Dann nahm er Karin kurz in den Arm, küsste sie und verschwand.

Erst viel später erinnerte sich Thomas daran, dass er den Meister gar nicht hatte weggehen sehen. Er war plötzlich nicht mehr da. Aber das war sicher nur eine Erinnerungslücke und er hatte bloß vergessen, dass der Meister wie jeder andere Mensch aufgestanden und zur Türe hinausgegangen war.

Neben all den Informationen, die er versuchte im Kopf zu ordnen, fragte sich Thomas ernsthaft, warum dieser Mann Karin einfach küssen durfte und sie sich überhaupt nicht dagegen wehrte. Wenn er dies einfach täte, gäbe es bestimmt Ärger.

Andererseits war der Meister ziemlich faszinierend. Ein Mann, der in verschiedene Rollen schlüpfte und über Themen erzählte, die ihn sehr berührten. Der Wahrheitsgehalt dieser Lehrrede war unumstritten. Das spürte Thomas, auch wenn er das nicht gerne zugab. Der Lieblingssatz von Karin und ihrem Meister war: *Es muss funktionieren.*

Ziel allen menschlichen Lebens

Diesmal dauerte es über eine Woche, bis er Karin wieder sah. In dieser Zeit kamen ihm ständig Erinnerungsfetzen der Lehrrede des Meisters in den Sinn. Bis in seine Träume verfolgten ihn die Worte. Als guter Schüler hat er alles aufgeschrieben und erfüllte damit eine seiner ersten Aufgaben.

Mit der Lächelaufgabe klappte es schon recht gut. Mittlerweile hatte er kein komisches Gefühl mehr, wenn er sich jeden morgen drei Minuten im Spiegel anlächelte. Wenn er morgens in Zeitdruck war, machte er die Lächelübung während des Autofahrens. *Manchmal lächelte sogar jemand zurück.*

Besonders wirksam war Karins Tipp, vor jedem Telefonat einmal zu lächeln. „Auch wenn dich dein Gegenüber am Telefon nicht sehen kann, merkt es, wenn du lächelst", hatte sie ihm gesagt. Und tatsächlich hatte er viel mehr Erfolg bei telefonischen Kontakten, alles verlief einfacher und reibungsloser.

Von den Telefonaten, die er in dieser Woche mit Karin geführt hatte, ist ihm eines in besonderer Erinnerung geblieben. Sie hatte ihm etwas darüber erzählt, wohin die ganz Reise führt, was der Sinn dieser ganzen Anstrengung ist. Jedenfalls die Kurzfassung, wie sie selbst sagte:

„Das Ziel allen menschlichen Lebens ist, noch zur Lebenszeit Erleuchtung zu erlangen. Jeder Mensch wird zum Zeitpunkt seines Todes automatisch erleuchtet, aber das zählt nicht. Das löst nur den Wiedergeburtsreflex aus. Was zählt, ist die Erleuchtung schon zu Lebzeiten zu erfahren."

„Die erste große Hürde auf dem Weg zur Erleuchtung ist es, Erwachsen zu werden. Solange du nicht die Verantwortung für dein Leben und alles, was dir passiert, übernimmst, wird es nichts mit der Erleuchtung. Und der erste Schritt zum Erwachsenwerden ist, für all das die Verantwortung zu übernehmen, das man selber tut. Doch schon das fällt den allermeisten Menschen unglaublich schwer."

„Was habe ich eigentlich von der Erleuchtung?", fragte Thomas, der sich darunter nicht wirklich etwas vorstellen konnte.

Sieh die Erleuchtung als einen Lebenszustand an, in dem du keine Angst, keine Furcht und kein Leiden mehr hast. Du bist Meister dieser Welt geworden, Wahrheit entfaltet sich vor deinen Augen leicht und ohne Mühe. Du bist glücklich. Nicht die Art von Hurra-Juhu-Glück, die uns das Kinderego ständig als ideales Ziel suggerieren will. Sondern ein tiefes, stilles Glück. Breit und tief wie der Jangtse-Fluss. Und du hast die tiefe Sicherheit, dass, egal, was dir auf dieser Welt passieren wird, du damit fertig wirst. Dass du keine Angst und keine Furcht haben musst. Du hast die Fähigkeit, hinter die Fassade dieser Welt zu sehen, die Barriere zwischen den Welten einzureißen und Abkürzungen zu nehmen, die anderen verschlossen bleiben."
Ist der Meister beim letzten Abschied etwa so verschwunden? Durch eine Abkürzung?, schoss es Thomas durch den Kopf. Aber dann war der Gedanke auch schon wieder weg.

Auf jeden Fall war ihm jetzt klar, dass der Meister wahrscheinlich nicht der Lebenspartner von Karin war. So wie Karin über ihn sprach, konnte er sich das einfach nicht vorstellen. Und auch das Treffen mit dem Meister hat ihm nicht den geringsten Hinweis auf eine Liebesbeziehung geliefert. Der Abschiedskuss war zwar herzlich, aber überhaupt nicht erotisch. Gab es da vielleicht noch einen anderen Mann in Karins Leben, von dem er noch nichts wusste? Er musste es herausfinden!

5

Karin

Ein Rückblick

Es war jetzt schon ein halbes Jahr her, dass Thomas Schüler bei Karin geworden war. Zwischendurch hatte sie mehrmals erwähnt, dass es ihr früher auch nicht immer leicht gefallen sei, den Weg zu gehen. Eines Abends ist es schließlich soweit und Karin erzählt von sich und ihrer eigenen Ausbildung bei ihrem Meister. Thomas ist sehr interessiert, denn vielleicht würde er jetzt etwas mehr über Karins Beziehungen herausbekommen. Ein echtes Mysterium.

Thomas ergreift das Wort: „Du hast mir gesagt, dass der Weg eigentlich sehr einfach ist. War es bei dir auch einfach?"

„Nein", antwortet Karin, „ich habe mich sehr schwer getan mit meinen Änderungen und ich war ausgesprochen geschickt darin, nicht das zu tun, was notwendig war. Nach jedem Gespräch mit meinem Meister war ich einsichtig und habe kurzzeitig alles Wichtige erledigt, um später dann so weiterzumachen wie zuvor. Mein Ego ist stark, was gleichzeitig Vor- und Nachteile hat. Ich habe mich selbst getäuscht und es für wahr befunden. Ich habe viel Energie darauf verwendet, anderen die Schuld zu geben oder Gründe zu suchen, wirklich gute Gründe, die mich davon abgehalten haben, mich zu ändern."

„Mein Leiden ist daraufhin immer stärker geworden, ich hatte immer weniger Geld, weniger Freiheit und ich habe mich immer mehr eingeschränkt. Einschränken, das konnte ich, darin war ich schon immer meisterhaft. Ich wollte mich einschränken, allen anderen erzählen, warum ich dies und das nicht tun konnte. Ich konnte strahlend verkünden, dass ich Dinge sein lasse, weil ich keine Zeit habe oder kein Geld oder beides. Und *ich konnte nie etwas dafür.* Die anderen hatten es immer leichter und einfacher. Deshalb klappte es bei denen und bei mir nicht. Ich hatte an nichts mehr Interesse, außer daran, mich zurückzuziehen, mich zu Hause einzuschließen und nicht gestört zu werden. Das war mein Ziel. Richtig klar wurde mir das erst durch ein sehr heftiges, nein, ehrlich gesagt, durch mehrere heftige Gespräche mit meinem Meister."

Er hielt mir den Spiegel vor und hat meine Ruhe und Bequemlichkeit empfindlich gestört. Er hat mich mit seinen Worten verletzt, tief im Inneren getroffen. Diese Wunden haben geschmerzt und ich habe mir furchtbar leid getan. Ich habe zig Selbstgespräche geführt und mich herauszureden versucht. Dieser Weg hat nicht geholfen."

„Ich habe mein Leben gelebt ohne Richtung, mich angepasst und meine Opferhaltung genossen. Ich habe keine Initiative mehr ergriffen und nur noch das gemacht, was andere gesagt haben. Ohne eigene Richtung wurde ich zum Spielball der anderen und verlor das Interesse an Zielen und Träumen. Und schließlich auch am Leben selbst." Beim letzten Satz wird Karins Stimme etwas leiser.

„Es gab immer auch eine andere Seite. Die unterstützende Seite. Ich war immer eine Frau, der man viel zugetraut hat, und die einen so genannten Karin-Faktor hatte. Mich haben die Menschen, mit denen ich es zu tun hatte, gerne unterstützt. Ich konnte strahlen und meine Zuhörer oder Klienten hingen an meinen Lippen. Ich konnte Dinge leicht erledigen und andere motivieren. Und ich hatte gerne eine Menschenmenge vor mir, die ich geführt und begeistert habe. In meinen Leben gab es kaum Menschen, die gegen mich waren. Die meisten meinten es gut mit mir und haben mich unterstützt."

„„Die Welt ist FÜR dich, nicht GEGEN dich!', sagte mein Meister. ,Du kannst alles erreichen, was du willst, nur WILL endlich. Aber du willst nicht und bist träge und resistent. Das ist dein Hauptproblem, nicht das Können oder die Möglichkeiten. Du hast Chancen ohne Ende. Nutze sie endlich. Aber alles, was du anfängst, versackt bei dir und du vollendest es nicht. Du hörst wieder auf und machst nicht weiter. Und währenddessen frustrierst du auch noch andere Menschen, die dich begleiten und dich unterstützen wollen.'"

„Wider besseres Wissen habe ich nach einem Anschiss meines Meisters genau das Gegenteil von dem getan, was ich seiner Ansicht nach hätte tun sollen. Einfach, weil ich mich in meine Gefühlslage habe fallen lassen. Ich fühlte mich persönlich angegriffen und war, wie mein Meister so schön sagt, *gereizt.*"

„Anstatt sofort das Gegenteil zu tun, habe ich erst mal eine Weile verstärkt mit den alten Verhaltensweisen weitergemacht. Wie ein trotziges Kind. Frei nach dem Motto: *Weil die Mama mit mir geschimpft hat, mache ich gerade mal so weiter wie vorher. Soll sie doch sehen, was sie davon hat ...* Ich ziehe eine Schnute und strafe sie mit meiner Unlust und meiner schlechten Laune. Obwohl die Trotzkopfphase lange vorbei ist, ziehen wir es auch als Erwachsene vor, unser beleidigtes Kinderego heraushängen zu lassen. Mir ging es nicht anders."

Ein Rüffel von meinem Meister war immer eine Folge meines Nicht-Wollens und nicht meines Könnens. Er fragte mich regelmäßig: ,Karin, wie viel Lebenszeit willst du mit deinem beleidigten Kinderego verbringen und wie viel mit Änderung'?"

Gefühlsillusionen

*A*ber wenn mich doch die Gefühle übermannen? Was soll ich tun? Ich fühlte mich von meinem Meister vollkommen unverstanden."

„Meine Gefühlslage sagte mir, dass ich nicht anders reagieren konnte. Unsere unkontrollierten Gefühle sind ein echtes Problem, weil sie schon so lange in uns sind. Sie sind fester Bestandteil unseres Verhaltens und wir gehen grundsätzlich davon aus, dass sie immer wahr und echt sind. Wir stellen die Gefühle nie infrage. Sie sind älter als unser Ego. Wir fühlen sie tief in uns drin. Sie sind einfach schon deshalb wahr, weil wir sie so lange in uns haben. Nicht etwa, weil sie auch funktionieren."

Obwohl dir der Meister neulich schon davon erzählt hat, möchte ich dieses Thema hier noch mal aufgreifen, weil es sehr wichtig ist. Und weil unser Ego das überhaupt nicht hören will. Jeder redet von Gefühlen und der Wichtigkeit von Gefühlen. Wir spüren die Intensität von Gefühlen und lassen uns oft von ihnen leiten. Wenn wir etwas ganz tief in uns spüren, dann muss es doch wahr sein. Jedes zweite Buch, jeder Film, jede Zeitschrift, jedes Lied und so weiter schreibt, spricht und erzählt uns über die Allmacht der Gefühle, das Ausleben der Gefühle und das einzig selig machende der Gefühle. Diesen Illusionen geben wir uns gerne hin."

„Wie hast du dich daraus befreit? Und wird man dann nicht gefühllos?", will Thomas wissen. Er konnte gut nachvollziehen, wie es Karin ergangen ist.

Befreit habe ich mich durch Anders-Tun. In einem Wort: Ändern. Und der Vorwurf der Gefühllosigkeit kommt sofort aus deiner Umgebung, sobald deine Gefühle und dein Handeln nicht mehr unmittelbar gekoppelt sind. Auch das hat mich anfangs verletzt: von meinen Freundinnen zu hören, ich sei gefühllos. Aus deren Sicht war das auch einleuchtend. Sie haben sich einfach vorgestellt, wie sie in derselben Situation handeln würden. Sie sehen den Riesenschwall an Emotionen, den es bei ihnen auslösen würde, und können sich gar nicht vorstellen, dass man darauf nicht sofort reagiert. Also haben sie umgekehrt geschlussfolgert, dass ich keine Gefühle mehr habe, denn, wenn ich welche hätte, dann müsste ich ja entsprechend reagieren. So wie sie selbst."

„Dabei ist das Gegenteil eingetreten. Meine Gefühle und Emotionen sind mittlerweile gut entwickelt und präzise geworden. Sie sind ein wichtiger Bestandteil meiner Intuition. Und ich kann ihnen vertrauen. Aber sie haben nicht mehr den direkten und automatischen Zugriff auf mein Handeln und meine Reaktionen. Jedenfalls nicht länger als drei Sekunden."

„Wie hast du die Bindung von Gefühl und Handeln aufgelöst?", hakt Thomas noch einmal nach. „Ich habe nichts anders gemacht, als das, was ich dir sage. Zunächst habe ich versucht festzustellen, was ich eigentlich denke und fühle. Denn unsere Gefühle sind eine direkte Folge unserer Gedanken, Vorstellungen und Bilder, die wir im Kopf haben."

Also habe ich viel aufgeschrieben, um meine Gedanken und Bilder festzuhalten und zu sortieren. Oft ist mir beim Schreiben aufgefallen, was für einen Blödsinn ich denke und schreibe. So habe ich gelöscht, radiert und strukturiert, um meinen Gedanken und Handlungen eine andere Richtung zu geben. Ich habe Listen aufgestellt mit alten Glaubenssätzen und genau das Gegenteil formuliert."

Loslassen durch Brandopfer

Ich habe immer wieder all die Gedanken, die mich abhalten und hindern, auf einen kleinen Zettel geschrieben und dann die Zettel verbrannt. Es war so, als würde ich mit jeder Verbrennung ein kleines Gewicht loswerden, das ich bisher mit mir herumgeschleppt habe. Wenn wieder einmal Ängste aufgetaucht sind, habe ich auch diese verbrannt. Es gab Zeiten, da habe ich mehrmals am Tag verbrannt. Und manchmal waren die Gedanken so zäh, dass ich ein Thema mehr als einmal verbrennen musste."

„Als Gegengewicht zu der Verbrennung von unliebsamen Gedanken habe ich ein optisch schön gestaltetes Blatt aufgehängt. Darauf stehen meine aktuellen Ziele, genau und positiv formuliert und mit einem Zeitrahmen versehen. Dieses Blatt, immer auf dem neusten Stand, hängt über meinem Schreibtisch."

„Diese Maßnahmen haben mir geholfen und mich bestärkt. Und ich habe nach anderen Sichtweisen dieser Welt gesucht. Ich habe mich mit Menschen getroffen, die es geschafft hatten. Personen, die reich und erfolgreich waren. Ich habe mit ihnen gesprochen und mich an ihnen orientiert. Ich habe vieles abgeschaut, mich diszipliniert und meine Projekte endlich zu Ende gebracht. Ich habe geplant, gearbeitet, geändert. Kontinuierlich, Tag für Tag. Und als ich meine Ziele klar formuliert habe, hat das Leben geliefert."

„Ich habe Raum und Zeit geschaffen für neue Kunden, für meinen eigenen Geldfluss und ich habe wieder Spaß und Leidenschaft für meine Arbeit entwickelt. Ich wollte etwas schaffen, neu kreieren, meine Ideen in die Welt setzen. Ich musste mich zwischenzeitlich immer wieder neu überwinden. Aber ich wusste nun wofür. Außerdem wollte ich es einigen Menschen beweisen."

Der wesentlichste und wichtigste Punkt ist jedoch: Ich war bereit, alles dafür Notwendige auch zu tun. Will ich ein Buch schreiben, dann ist es unabdingbar, viele Stunden vor dem Computer zu sitzen und diese kleinen schwarzen Tasten zu drücken. Und zwar so lange, bis es fertig ist, konsequent und beharrlich. Zu diesem Thema gibt es einen guten Witz:

Ein Mann betete lang und ausdauernd zu Gott und bat immer wieder um einen hohen Lottogewinn. ‚Lieber Gott, mach endlich, dass ich viel Geld gewinne. Ich möchte so gerne eine Million im Lotto gewinnen.‘ Tag für Tag immer wieder die gleichen Gebete, voller Intensität und Sehnsucht.

Gott hört sich die Bitten lange an, bis ihm eines Tages die Hutschnur platzt und eine Stimme aus dem Himmel tönt: ‚Dann gib doch endlich mal einen Lottoschein ab.‘ "

„Das Interessante war, sobald ich die Initiative ergriffen habe, hat das Leben geliefert. Ich bekam einen passenden Anruf, lernte Menschen kennen, die mich unterstützt haben, konnte neues Wissen sofort anwenden und damit punkten. Positive ‚Zufälle‘ häuften sich. Es lief leicht und ohne große Mühe."

Mit meinem Meister habe ich einen Menschen an meiner Seite, auf den ich mich zu hundert Prozent verlassen kann, der mir jederzeit die Wahrheit sagt, auch wenn er sich dabei unbeliebt macht. Er versteht mich und beantwortet meine Fragen. Seine Antworten gehen oft über die eigentliche Frage hinaus und beantworten bereits Folgefragen, die ich noch gar nicht gestellt habe. Immer weiß er genau, welche neue Aufgabe gleich nach mir Ausschau halten wird."

„Bei jedem Termin habe ich die wichtigsten Sätze und Erkenntnisse mitgeschrieben. So ist im Laufe der Zeit ein ganzer Ordner entstanden, der wunderbar meine Fortschritte, Erkenntnisse und Taten dokumentiert. Und immer wenn ich vergesse, wie weit mein Weg war oder wie viel ich bereits geändert habe, lese ich in meinen eigenen Aufzeichnungen."

Thomas ist beeindruckt. Er hätte nie gedacht, dass Karin so offen von ihren Schwierigkeiten erzählt, die ihr heute nicht mehr anzumerken sind. Leider hat er bisher nichts zu ihrem Privatleben gehört.

Wünsche oder Ziele

Ein anderes Thema brennt Thomas ziemlich auf der Seele. Immer wenn es um *Entscheidung* geht, kommt auch das Wort *Ziele* vor. Sie hatten gelegentlich über Ziele gesprochen. Offensichtlich war an dem Thema Ziele noch wesentlich mehr dran, als er momentan wusste. Deshalb fragt er Karin nach dem Zusammenhang zwischen seinen Zielen und der Erreichung seiner Wünsche.

„Welche Ziele und Vorstellungen schwirren denn in deinem Kopf herum?", fragt Karin neugierig und interessiert. Er merkt an ihrem Tonfall, dass das ein Lieblingsthema von Karin sein könnte. Wenn dem so war, konnte das leicht Auswirkungen auf seine Aufgaben haben. *Herausforderungen für eine arme Schülerseele.* Thomas fing deshalb erst einmal harmlos an.

„Ich möchte gesund sein, ich möchte reich sein und in einer glücklichen Partnerschaft leben", antwortet er nach kurzem Zögern.

„Du möchtest also das, was die allermeisten Menschen auch wollen: jung, schön und sexy sein! So wie es uns die Werbung täglich suggeriert", analysiert Karin und geht dann ins Detail.

„Doch was genau ist jung? Bin ich schon alt, wenn ich über 30 bin oder erst jenseits der 70? Wenn ich graue Haare habe oder Pensionsansprüche stellen kann? Oder reich? Bin ich reich, wenn mein Vater Hilton heißt oder wenn ich noch fünf Euro in der Tasche habe? Bin ich reich genug, wenn ich all meine Rechnungen bezahlen kann oder ein Ferrari in meiner Garage steht?"

„So ähnlich steht's mit der Gesundheit: Bin ich noch gesund, wenn ich regelmäßig meine Wintergrippe bekomme oder bin ich erst krank, wenn ich auf der Intensivstation im Krankenhaus liege?"

„Hast du dein Schönheitsideal erst erreicht, wenn du als Mann so muskelbepackt bist wie Arnold Schwarzenegger?" „Wenn's dir gefällt", antwortet Thomas, schnell und intuitiv. Karin tut so, als hätte sie den Einwand nicht gehört und fasst das Thema Wünsche zusammen.

Wünsche sind alle möglichen Gedanken, die kommen und gehen. Geleitet von unserem Ego, inspiriert durch Zeitung, Fernsehen und Internet. Manche möchten so sein wie David Bowie, ohne genau zu wissen, wie das Leben von David Bowie tatsächlich aussieht, wie viel Arbeit, Mühe und Kreativität dahinter steht. Deshalb ist nicht jeder Wunsch erreichbar und manchmal stellt man beim Erreichen eines Wunsches fest, dass man DAS doch gar nicht haben wollte."

Ziele sind etwas ganz anderes. Das wichtigste an einem Ziel ist, dass es erreichbar ist. Das hört sich trivial an, ist es aber nicht. Reich sein, glücklich sein, mit dem Rauchen aufhören, abnehmen, viel Geld verdienen, eine glückliche Beziehung: DAS sind alles keine Ziele, sondern nur gewünschte Zielzustände. Beispielsweise hast du das *Ziel*, mit dem Rauchen aufzuhören, nach einem Tag erreicht? Oder nach einem Monat? Was ist, wenn du nach einem Monat und einem Tag wieder anfängst zu rauchen? Es ist kein Ziel, dass du nach Erreichen aus deinem Kopf streichen kannst. Weshalb es auch so schwer ist, mit dem Rauchen aufzuhören."

„Wenn du dagegen die Strecke von 100 Metern in unter zehn Sekunden laufen willst, dann ist der Zieldurchlauf das Ende deines Ziels. Es ist erreicht, beendet, vorbei. Du kannst es abhaken. Alles, was du nicht abhaken kannst, ist auch kein Ziel, sondern nur ein gewünschter Zielzustand. Die meisten Anfänger haben Schwierigkeiten mit der korrekten Formulierung von Zielen. Deshalb kommen meist nur Zielzustände heraus, die niemals erreicht und abgehakt werden können. Sei deshalb umsichtig in der Formulierung deiner Ziele."

„So", sagt Karin, „und jetzt willst du noch wissen, was einen Mann attraktiv macht?" Sie hatte seine Bemerkung von eben also doch mitbekommen. Ihm war es zwar ein wenig peinlich, aber genau das war seine Frage. Sie antwortet Thomas mit einem berühmten Zitat von Mahatma Gandhi:

„Lege die Autoschlüssel auf die Motorhaube deines Porsches und lade die schönste Frau zu einer Spritztour ein."

„Interessante Antwort", sinniert Thomas und überlegt, ob das wohl auch mit seinem Mercedes funktionieren würde. Auf dem Weg nach Hause träumt er von langbeinigen Frauen, die sich wohlig auf seinem Beifahrersitz räkeln. Ob Karin wohl auch … *Stopp!* Er sollte sich besser auf den Autoverkehr konzentrieren. Und auf seine Arbeit, denn da ging es seit einiger Zeit drunter und drüber. Seine Kollegen machen dauernd Dinge, die nicht funktionieren und er muss es ausbaden. Früher ist ihm das gar nicht so aufgefallen, wahrscheinlich weil er sich immer nur um sich selbst und seine eigenen Bedürfnisse gekümmert hat. Jetzt wurde er aufmerksamer dafür, was in seiner Umgebung passierte.

6

Das große Ziel

Ändern ist schwer

Thomas ist aufgebracht. „Wieso ändern sich meine Kollegen nicht, obwohl es so offensichtlich ist, was sie falsch machen? Ich habe ihnen schon mehrmals erklärt, was sie anders machen müssen, aber sie weigern sich einfach. Zuerst haben sie mir ja noch zugehört und mir auch zugestimmt. Aber jetzt werden sie schon bei der Erwähnung des Wortes *Ändern* aggressiv und gereizt."

„Da brauchst du gar nicht so weit zu schauen", sagt Karin lachend, „sieh dich an: Warum fällt es dir selbst immer noch so schwer, zu ändern? Warum ist das überhaupt so schwer? Warum ändern sich die Menschen nicht von alleine? Warum ist immer wieder ein Schubs von außen nötig?" Elementare Fragen, die Karin mit einer kleinen Lehrrede beantwortet.

„Die meisten Menschen argumentieren bei diesem Thema wie folgt: Wenn ich Reich, Selbstbewusst und Schön wäre, DANN würde ich … tun. Oder: Wenn ich so Selbstbewusst wäre wie du, dann würde ich auch erfolgreich sein. Oder das klassische Beispiel: Wenn ich so viel Disziplin hätte wie die andere Kollegin, dann würde ich auch mit dem Rauchen aufhören … Du weißt, wovon ich rede." Thomas nickt.

Das in jedem Menschen innewohnende Ego sendet uns immer wieder eine einfache Botschaft – wenn wir etwas könnten, würden wir es auch tun. Aber leider können/wissen/haben wir nicht das Richtige. Schade! Nach diesem Modell bleiben alle Dinge, die wir nicht können, für immer unerreichbar."

„Ändern bedeutet, Dinge anders tun wie vorher. Und zwar kontinuierlich. Wenn wir immer nur das tun, was wir bereits können, werden wir niemals ändern können. Du erinnerst dich?" Thomas nickt wieder, diesmal weniger enthusiastisch.

„Was ist also dermaßen schwierig am Ändern? Die Erklärung ist wie so häufig einfach: *Das Ego ist angepisst, nein, stopp, es ist ,gereizt' über Änderung. Das ist ein Naturgesetz, wie das Gravitationsgesetz.* Unser Ego ist nicht nur über die eigene Änderung ,gereizt', sondern auch über die Änderung anderer. Und zwar völlig unabhängig davon, ob diese Änderung gut ist oder nicht. Ob sie funktioniert oder nicht. Ob sie dir nützt oder überflüssig ist. Alleine die Tatsache der Änderung ,reizt' unsere Egos. Weil die Egos was am liebsten haben?"

Sicherheit, Stabilität und Vorhersagbarkeit", antwortet Thomas wie aus der Pistole geschossen. Die Eselsbrücke mit dem SSV, dem Sommerschlussverkauf, hat offensichtlich prima funktioniert.

„Richtig", antwortet Karin, „wenn es um Änderung geht, stellt sich dein Ego quer. Und nicht nur deines, auch die Egos in deiner Umgebung. Damit musst du fertig werden. Wenn du ein Leben führen willst, bei dem du immer beliebt bist, dann darfst du nie etwas ändern. Die gute Nachricht ist: Egos gewöhnen sich an Änderung. Sie sind zwar weiterhin stinkig, aber das geht immer schneller vorbei. Und wenn du dich innerhalb von drei Sekunden wieder in den Griff bekommst, dann ist es so, als wäre es nie geschehen."

„Wieso drei Sekunden?", fragt Thomas. „Weil unser Großhirn drei Sekunden braucht, um eine völlig neue Situation komplett zu erfassen. Alles, was innerhalb von drei Sekunden wieder weg ist, wird normalerweise nicht bewusst wahrgenommen. Es rutscht durch die Maschen des Bewusstseins ins Unterbewusstsein, wo es entweder ganz verschwindet, oder in seltenen Fällen ein unbewusstes Eigenleben entwickelt. Manchmal tauchen diese Wahrnehmungen dann als Träume wieder auf."

Wie bekomme ich denn nun Selbstvertrauen, Disziplin, Durchsetzungskraft?" Thomas will es genau wissen. „Die Antwort lautet", erwidert Karin, „indem man einfach tut. Zuerst tust du etwas, was dir nicht gefällt und was du nicht verstehst. Das sind die wertvollsten Änderungen. Dein Ego wird mächtig randalieren und sich fragen: *Warum soll ich das tun?* Denn du magst es nicht, du willst es nicht, du verstehst es nicht, es kommt nicht aus deinem Inneren heraus, du spürst es nicht in deinem Herzen und so weiter und so fort."

„Wenn du das, was dir nicht gefällt, trotzdem eine Weile getan hast, dann verstehst du auf einmal, was du machst. Noch ein bisschen später gefällt dir, was du tust. Danach wird daraus eine Erfahrung. Und zum Schluss ist es ein Teil von dir. Das anfänglich *sinnlose* Tun wird zu Selbstvertrauen, Disziplin, Durchsetzungskraft …"

Marathon

Kannst du mir das an einem Beispiel erklären?", fragt Thomas. „Aber gerne", sagt Karin, „stell dir vor, ich gebe dir altem Couch-Potato die Aufgabe, einen Marathon zu laufen." Thomas schluckt und atmet tief durch. *Woher weiß sie nur davon??* Insgeheim hatte Thomas als Jugendlicher den Wunsch gehegt, einen Marathon zu laufen. Aber das war lange her. Jetzt ist er zu alt, zu träge und er wiegt zu viel. Außerdem hätte er überhaupt keine Zeit dafür. Und schon gar keine Lust.

„Zuerst würdest du nur laufen, weil ich es dir als Aufgabe gegeben habe. Du verstehst nicht, warum du das machen sollst, und gefallen würde es dir erst recht nicht. Du versuchst alles, um die Aufgabe zu vermeiden. Du argumentierst mit mir herum, warum du keine Zeit hast, oder dass du Plattfüße hast. Oder ob wir nicht eine andere Aufgabe auswählen könnten, die dir mehr entspricht und und und."

„Danach würdest du zwar widerwillig mit dem Laufen beginnen, aber mit jedem Schritt würdest du vor dich hin schimpfen und lamentieren. Und immer wieder daran denken, wie schön gemütlich es auf deiner Couch ist, statt jeden Abend um den Häuserblock zu laufen."

Nach mehreren Tagen hast du keine Lust mehr zu schimpfen. Es gefällt dir immer noch nicht, aber du machst mürrisch weiter. Es gibt kleine Fortschritte. Die Strecke, die du am Stück laufen kannst, wird immer länger. Na ja, das reicht noch nicht aus, dass es dir schon gefällt, aber besser wie nichts."

„Nach einigen Wochen hat sich dein Körper verändert. Du läufst deine Hausstrecke in relativ kurzer Zeit, du nimmst in der Firma nicht mehr den Fahrstuhl, sondern sprintest die vier Stockwerke in eigener Rekordzeit hoch. Und bist noch nicht mal richtig aus der Puste. Du kaufst dir neue Laufschuhe. Mit dem Verkäufer im Sportgeschäft kommst du ins Gespräch und ihr versteht euch. Du kannst nachvollziehen, was er sagt und ihm sogar aus eigener Erfahrung berichten. Anderen Kunden, die zuhören und erst mit dem Laufen anfangen wollen, gibst du bereits großzügig Ratschläge. Das ist die Phase, in der du weißt, was du tust. Aber es gefällt dir immer noch nicht. Würde ich dich in dieser Phase von der Aufgabe befreien, würdest du die Joggingkleidung in den Schrank – und dich auf das Sofa legen." Karin grinst. Dann fährt sie mit ihrem Beispiel fort.

„Nach einer kleinen Weile stellst du fest, dass du dich tatsächlich auf das Laufen freust. Du hast weitere Läufer kennengelernt und nimmst wahr, dass dir dein Lauftraining Anerkennung und Zuspruch bringt. Das gefällt dir. Genauso wie die beiden blonden Laufmäuse in ihrem engen Joggingdress, die dir immer wieder zulächeln, wenn du federnden Schrittes an ihnen vorbeiziehst."

Das mit den Laufmäuschen gefällt mir jetzt schon. Vielleicht geht das auch ohne Anstrengung?, denkt Thomas.

„Und dann kommt der Moment, an dem du nicht mehr darüber nachdenkst, ob du laufen sollst oder nicht. Es ist Teil deines Lebens geworden. Wie selbstverständlich änderst du deine Ernährung und deine Gewohnheiten, liest Bücher über den New York-Marathon und meldest dich an. Jetzt bist du ein Marathon-Läufer geworden. Einer derjenigen, den die Kollegen und Freunde teils neidisch, teils bewundernd anschauen. Die Änderung ist ein Teil von dir geworden."

„Und was ist mit den Laufmäuschen?", platzt es aus Thomas heraus. Lachend antwortet Karin: „Ich dachte mir schon, dass dich dieser Teil der Geschichte am meisten interessiert. Darüber reden wir, wenn du im Ziel eingelaufen bist."

Gott sei Dank war das nur ein Beispiel, denkt Thomas. Er sitzt mit Karin auf der Terrasse und ist völlig entspannt. Sie schauen sich zusammen den Sonnenuntergang an und trinken guten Wein.

Schweiß und Arbeit

Einen Monat später fragt Karin ihn unvermittelt, ob er sich mittlerweile ein großes Ziel ausgedacht hat. Doch Thomas ist bisher nichts Vernünftiges eingefallen. Bevor er aber gar nichts sagt, schüttelt er sich und redet drauflos: „Eigentlich träume ich von Zielen, auf die ich stolz sein kann, die mich Schweiß und Durchhaltevermögen kosten. Etwas Großartiges, Grandioses, das ich auch noch meinen Kindern erzählen kann."

„Ich glaube, ich habe das Richtige für dich", sagt Karin und ein diabolisches Lächeln umspielt ihre sanften Lippen. *Oh nein, bitte nicht DAS*, kann Thomas gerade noch denken, bevor Karin weiterredet: „An deinem Gesichtsausdruck erkenne ich, dass du schon weißt, was jetzt kommen wird. Ich sage nur: New York-Marathon."

Jetzt ist es raus. Eine plötzliche Leere durchzieht Thomas Kopf. *Ich hab's doch geahnt*. Wie konnte er sich davor drücken? Eine gute Alternative musste her. Schnell. Aber sein Kopf ist wie aus Watte. Er versucht ein paar halbherzige Einwände, aber an Karins Gesichtsausdruck kann er erkennen, dass es sinnlos ist. Kurz hat er die Idee, mit der ganzen Ausbildung bei Karin aufzuhören. Nein, das will er dann doch nicht.

„Du bist jetzt in einer ganz interessanten Situation", redet Karin inzwischen weiter. „Einerseits wehrt sich dein Ego immer noch vehement, andererseits scheint dir dieser Marathon doch nicht so weit und unmöglich zu sein, wie das letzte Mal, als wir darüber gesprochen haben. Ich glaube sogar, dass sich ein Teil von dir schon darauf freut." „Aha", raunzt Thomas widerwillig. Aber irgendwie scheint Karin recht zu haben. So richtig unglücklich war er nicht. Jedenfalls solange er nicht daran dachte, jeden Abend bei Wind und Wetter um den Häuserblock zu rennen.

„Lass mich etwas probieren", sagt Karin und rückt an ihn heran. „Mach die Augen zu und versuche, in den meditativen Zustand zu kommen." Er schließt seine Augen und fängt an, langsam auszuatmen. So wie er es geübt hatte. Plötzlich spürt er, wie sich Karins Fingerspitzen wie eine Spinne um seinen Kopf schließen. „Weiter Atmen", sagt sie. Dann geht alles sehr schnell.

Thomas sieht sich selbst durch die Häuserschluchten von New York laufen. Nun ja, das Bild ist schwarz-weiß, aber ansonsten ganz realistisch. Er hört Stimmen von Tausenden von Menschen, die ihm zujubeln. Er sieht sich euphorisch ins Ziel torkeln. Hört seinen eigenen Atem rasseln, spürt seinen Puls und die Trockenheit seiner Kehle.

Abrupt bricht das Bild zusammen. Thomas schüttelt sich und stellt fest, dass es nur ein Traum war. Aber ein sehr realer. Wie hat Karin das gemacht? Sie antwortet nur mit einem Gemurmel, das sich wie „Energieflutung" anhört.

Karin lässt ihm ein paar Minuten, um wieder richtig wach zu werden. Sie geht in die Küche, um kurz darauf mit einem Glas Orangensaft zurückzukehren. „Hier trink!" Karin scheint zu wissen, dass Thomas tatsächlich schrecklichen Durst hat. Er leert das Glas in einem Zug.

„Was musst du tun, um diesen Traum Wirklichkeit werden zu lassen?", fragt sie plötzlich. Nur unwillig antwortet Thomas: „Ich muss aus dem Traum ein Ziel machen. Aber bin ich nicht schon zu alt für solch eine sportliche Leistung?"

Mit einer schnellen Handbewegung fegt Karin seinen Einwand vom Tisch. „Papperlapapp, die ältesten Marathonläufer sind über 70 Jahre alt", klärt Karin ihn auf. Sie überreicht ihm ein DIN-A4-Papier mit der Überschrift:

Zielerreichung durch die Neun-Schritt-Methode.

„Anhand dieser Aufzeichnung kann aus deinem Traum Wirklichkeit werden. Arbeite das Papier gründlich durch. An diesem Projekt werden wir jetzt arbeiten, bis es erreicht ist. Wir sehen uns in zwei Wochen wieder", sagt sie und verschwindet.

Umsetzung eines Zielplans

Thomas wusste, dass jetzt ein neuer Abschnitt in seiner Ausbildung begann. Und dieses Blatt Papier war sein Fahrplan. Von jetzt an, bis zur Erreichung seines Ziels, würde er den Regeln Schritt für Schritt folgen. Jedenfalls nahm er sich das erst einmal fest vor.

1. Ziele müssen positiv und konkret formuliert sein.

Lassen Sie Worte wie NICHT oder KEIN weg. Beschreiben Sie immer die Lösung beziehungsweise den Zielzustand – so konkret wie möglich. Am besten so, als hätten Sie das Ziel bereits erreicht.

Thomas machte sich sofort an die Arbeit, denn der erste Schritt war ihm bereits geläufig. Zuerst will er mindestens zehn Kilo abnehmen. Besser wären 15 Kilo, dann hätte er das Gewicht von damals, als er noch davon träumte, ein Marathonläufer zu sein. 15 Kilo sind konkret, aber war abnehmen der Zielzustand? Nein. Sein Ziel war die Teilnahme am Marathon in New York, 80 Kilo Körpergewicht, Kleidergröße 52 und eine Marathonzeit von unter vier Stunden. Thomas war zufrieden mit sich. Das waren echt knackige Ziele.

2. Ziele müssen erreichbar sein durch Visionen.

Machen Sie sich so genau wie irgend möglich ein Bild von Ihrem Zielzustand. Stellen Sie sich Ihr Ziel vor, schreiben Sie es auf, malen Sie es auf und geben Sie möglichst viel Gefühl in diese Vorstellung.

Damals, mit 20 Jahren, war Thomas halbwegs sportlich und er hatte einen Traum – den New York-Marathon zu laufen. Er sah sich am John F. Kennedy International Airport ankommen und mit den berühmten gelben Taxen zum Hotel fahren. Immer wieder stellte er sich die Stimmung am Central Park South vor, wo angeblich so viele Zuschauer die Läufer bejubeln. Der Marathon in New York hatte ihn von jeher fasziniert. Aber mit der Zunahme an Alter und Gewicht ist dieser Traum verblasst und tatsächlich hatte er ihn gänzlich vergessen. Bis Karin aus dem Nichts heraus damit angefangen hat. *Woher wusste sie das nur?* Er würde Karin irgendwann danach fragen.

Durch die konkrete Zielentwicklung kommen seine Träume und Erinnerungen wieder vollständig in sein Bewusstsein. Vor seinem geistigen Auge sieht er immer wieder, wie er ins Ziel läuft. Abgekämpft und glücklich. Außerdem freut er sich jetzt schon über die total verblüfften Gesichter seiner Kollegen, die ihm so etwas überhaupt nicht zutrauen würden. Ein durchtrainierter Körper würde wahrscheinlich auch bei den Frauen besser ankommen. Sein vernachlässigtes Projekt Waschbrettbauch würde ebenfalls wieder neue Energie bekommen.

3. Ziele müssen planbar sein.

Planen Sie Ihr Ziel wie ein professioneller Projektplaner und beginnen Sie mit der Ist-Analyse. Klären Sie die Fragen, die noch entschieden werden müssen und setzen Sie sich Termine, wann was erledigt werden soll. Brechen Sie vom Ziel ausgehend die Einzelmaßnahmen und Aktionen herunter und tragen Sie die Daten in Ihren persönlichen Terminkalender ein, so dass Sie jeden Tag an der Verwirklichung arbeiten können.

Was muss Thomas alles tun, um sein Ziel auch zu erreichen? Als erstes schreibt er sein Ziel auf, denn Ziele, die man erreichen will, kann man nicht nur im Kopf behalten. Dann überlegt er sich, was er alles dafür braucht. Zuerst muss er das tun, was er Jahre nicht mehr gemacht hat – hinschauen, sich wiegen und akzeptieren, was er sieht. Also den Ist-Zustand ermitteln. Dann entscheiden und planen. Sein neues Zeitplanungssystem kann er hier perfekt einsetzen. Die längeren Strecken wird er vermehrt aufs Wochenende legen. Geht er diesen Weg alleine oder sucht er sich Hilfe? Beginnt er mit Walking oder schließt er sich einer Laufgruppe an? Wie will er sein Essverhalten ändern? Im Internet findet er Laufvorbereitungsinfos für den Marathon. Diese Informationsflut muss er nun als eigenes Projekt abarbeiten und vor allem zeitlich planen. Immer ausgehend vom Ziel. In einem Dreivierteljahr will er sein Wunschgewicht erreicht haben. In 15 Monaten findet der besagte Marathon statt.

4. Ziele müssen entscheidbar sein.

Überprüfen Sie Ihr Ziel daraufhin, ob Sie jederzeit ermitteln können, wie weit oder nah Sie noch vom Zielzustand entfernt sind.

Kann Thomas sein Ziel überprüfen? Wie nah ist er dem Endziel nach drei Monaten gekommen? Er hat Listen angelegt und seine Zeiten eingetragen. Bisher hält er ganz gut durch, nur schneller ist er noch nicht geworden. Die Entscheidung für die endgültige Anmeldung muss er jetzt fällen. Ziele sind keine Dauerinstitutionen. Vorher will er noch einen Halbmarathon in seiner Heimatstadt mitlaufen. Irgendwann am New York-Marathon teilzunehmen, ist kein Ziel. Thomas muss sich definitiv für einen bestimmten Marathon entscheiden und sich anmelden. Jeden zweiten Tag entscheidet er sich zu laufen, unabhängig von seinen Befindlichkeiten und dem Wetter. Manchmal muss er sich geradezu aus dem Bett quälen.

5. Ziele sollten teilbar sein.

Setzen Sie sich kleinere Zwischen- oder Unterziele, die Sie abhaken können.

Dieser Punkt fällt Thomas am leichtesten. Einige Zwischenziele hat er bereits nach zwölf Tagen geschafft. Er walkt 13 Kilometer um seinen kompletten Heimatsee. Nach sechs Wochen hat er die ersten fünf Kilo verloren. Die erste Jogginrunde ist das nächste Ziel, der Halbmarathon, die nächsten fünf Kilo und so weiter. Mit den vordefinierten, abgehakten Unterzielen kann er überprüfen, ob die Richtung stimmt und er seinen Zeitrahmen eingehalten hat. Thomas hat viel Spaß an seinen Erfolgserlebnissen. Erst kürzlich hat er sich die erste eng sitzende Jogginghose gekauft. Männer sind ja normalerweise nicht eitel, aber dieser Anblick im Spiegel hat ihm gefallen.

6. Ziele sollten skalierbar/messbar sein.

Wie viel haben Sie bereits erreicht? Benutzen Sie alle rechnerischen Maßeinheiten, um zu ermitteln, wie nah Sie dem

Endziel schon gekommen sind. Stützen Sie sich auf Fakten und lassen Sie Vermutungen außen vor.

Thomas weiß jetzt sicher, dass er seinem Endziel näher gekommen ist, denn er hat durch ein erledigtes Unterziel seine Messlatte Richtung Ziel verschoben. Er hat den ersten Zehn-Kilometer-Lauf seines Lebens geschafft. Karin hat am Zieleinlauf gestanden und sich mit ihm gefreut. Die einfachste Skalierbarkeit ist die Ja-Nein-Entscheidung. Je mehr Zusatzkriterien Thomas hat, desto besser. Zweimal hat er bereits die Konfektionsgröße geändert. Und: Seine Rundenzeiten werden immer besser.

7. Ziele müssen zielführend sein.

Einzelziele beziehungsweise weitere Ziele sollten nicht dem Gesamtziel widersprechen.

Während er seine Unterziele erreicht, bleibt es notwendig, immer wieder korrigierend einzugreifen. Verfolgt Thomas noch den richtigen Weg? Stimmt seine Richtung? Nähert er sich durch seine erreichten Zwischenziele seinem übergeordneten Ziel? Thomas hat festgestellt, dass die Auswertung seiner aktuellen Rundenzeiten am Computer und das Erstellen einer Laufstatistik sehr viel Spaß macht. Er hat sich dabei erwischt, dass er anfing, vor dem Computer mehr Zeit zu verbringen als beim Laufen. Das heißt, er hatte perfekte Gründe, Lauftermine ausfallen zu lassen. Nachdem er mehrere Zwischenziele erreicht hatte, fehlte ihm der Kick weiterzumachen. Lustlosigkeit und Trägheit machten sich breit. Doch intensive Gespräche mit Karin über Disziplin und Zielerreichung stachelten ihn wieder an. Die regelmäßigen Telefonate, das Nachfragen und Erinnern sind für ihn sehr wichtig

8. Ziele sollen Nutzen bieten.

Je mehr Nutzen Ihr Ziel auch anderen bietet, desto wertvoller ist es und desto mehr Menschen werden Sie bei Ihrer Zielerreichung unterstützen.

Bietet das Ziel von Thomas weiteren Personen Nutzen, so hat es einen deutlich höheren Stellenwert. Die wahre Währung für Karin ist nicht das Geld, das Thomas ihr zahlt, sondern sein Erfolg. Alles, was Thomas erreicht, ist für Karin eine Bestätigung und hat für sie einen hohen Wert. Der große Vorteil eines Nutzen bietenden Zieles ist, dass andere Menschen bewusst oder unbewusst helfen werden, dieses auch zu erreichen. Durch die sportlichen Ambitionen von Thomas hat sich auch sein alter Freund Uwe, früher ebenfalls eher träge und faul, wieder beim Fußballverein angemeldet. Er will wissen, was er noch kann, um seine Fähigkeiten als Trainer für die Jüngsten einzusetzen.

9. Ziele sollten großartig sein. Greifen Sie nach den Sternen und setzen Sie WOW-Ziele.

Echte Ziele haben eine gewisse Größe und reichen über das bisher Vorstellbare hinaus. Sie sollten das Potenzial in sich tragen, dass Sie versagen könnten. Der Reiz und das Risiko machen Ihre Großartigkeit aus.

Reicht das Ziel über Thomas hinaus? Ist es groß genug? Erweitert es seine Möglichkeiten und seinen Horizont? Erscheint es ihm unerreichbar? Thomas hat jahrelang nur heimlich von einem Marathon geträumt und als sein Gewicht immer höher kletterte, hat er den Traum komplett aufgegeben. In Amerika war er noch nie und niemand würde ihm im Moment dieses

Wagnis zutrauen. Er selbst ist auch noch hin und her gerissen, ob dieses Ziel nicht eine Nummer zu groß für ihn ist. Wenn da nicht Karin im Hintergrund wäre, die ihn motiviert und kontrolliert, würde er wahrscheinlich kneifen. So aber wird er sich diesem Ziele-Abenteuer stellen und seinen alten Traum verwirklichen. Er ist sich sicher, er wird viele Menschen verblüffen. Ganz zu schweigen von einem enormen Schub in Richtung Selbstvertrauen. Und vielleicht klappt es ja dann auch mit einer neuen Partnerin.

Über die nächsten Monate hinweg erfüllt Thomas alle neun Kriterien. Seine Zielplanung ist konkret und durchführbar. Und das Wichtigste: Thomas tut es auch. Karin ist sehr stolz auf ihn, lobt sein Durchhaltevermögen und stärkt seinen Ehrgeiz.

Nach 13 Monaten, während der letzten Vorbereitung auf den Marathon, fällt Thomas in ein Motivationsloch. Er fragt Karin, ob es nicht auch genügen würde, wenn er das Gefühl hat, dass er den Marathon schaffen könnte? Die Antwort ist klar und eindeutig: „Die Abprüfbarkeit des Ziels findet immer im Außen statt, durch äußere Faktoren, wie Waage, Daten, klassische Messinstrumente, Mengen oder der Kontostand bei Geldzielen. Niemals durch Gefühle und Vorstellungen. Versuche nicht wieder, um das Tun herumzukommen." Karin sagte dies mit hochgezogenen Augenbrauen und er wusste aus Erfahrung, dass es dann keinen Spielraum gab.

Es ist geschafft. Thomas hat nun ein Bild auf seinem Schreibtisch stehen – sein Zieleinlauf in New York. Abgekämpft , strahlend und glücklich. Solch ein Glück hat er nur selten erlebt. Diese Form von Glück, so sagte ihm Karin, erfährt er immer dann, wenn er etwas getan hat, was er vorher nicht konnte. Der Erwachsene definiert Glück so: *Glück ist, etwas zu schaffen, was man vorher nicht konnte.*

„Wahres Glück hat mit Überwindung zu tun. Du musst dich anstrengen und etwas leisten beziehungsweise etwas anders machen wie vorher. Ändern. Glück sind Augenblicke und kein Dauerzustand. Daher ist die Sehnsucht nach ewigem Glück völlig irrelevant. Genieße dein Glück und brenne es in dein Gedächtnis. So kannst du diesen Moment jederzeit wieder hervorholen und nachempfinden."

Erfolge und Wahrheiten

Der Marathon war vorbei und in Thomas Leben lief es endlich rund. Ihm ging es gut, er hatte im vergangenen Monat eine weitere Gehaltserhöhung bekommen. Er fuhr ein tolles Auto, er sah gut aus und ein Lächeln umspielte seinen Mund, wenn er in den Spiegel schaute. Er gefiel sich und seiner Umwelt. Eine Kollegin fragte ihn kürzlich, ob er verliebt sei, er hätte sich sehr verändert und wirkte so jung und souverän." „Nein, nein", erwiderte er leichthin und gleichzeitig geschmeichelt, verliebt wäre er nicht, aber sein Leben fühle sich jetzt gerade richtig gut an.

Eine Frau – also eine richtig tolle Frau an seiner Seite wäre das Highlight. Ob er wohl langsam gut genug war für Karin? Ein Teil seiner Motivation zu lernen und diesen Weg zu gehen, entsprang dem Bedürfnis, Karin zu gefallen. Das Verhältnis zu Karin hat sich jedoch nie geändert. Sie reagierte auf ihn, lobte ihn, schmeichelte ihm, aber nie so wie eine Freundin, sondern immer von einer distanzierten Warte aus. Mit Abstand und doch so klar und intensiv wie kein Mensch zuvor. Ihre Worte trafen. Sie war sein größter Kritiker und seine wohlmeinendste Unterstützung.

Eines Abends war es so weit. Er fasste sich ein Herz und fragte sie, ob sie je ein Paar werden würden. Karin machte eine lange Pause. „Wir sind uns sehr verbunden und werden es immer sein", sagte sie langsam, „doch ich bin nicht die passende Frau für dich. Eine Beziehung würde nicht funktionieren." „Woher weißt du das so sicher?" Thomas wurde bleich und versuchte gefasst zu bleiben. „Ich weiß es einfach", sagte Karin schlicht. So war das also. Sie würden nie zusammenkommen. Was sollte das dann alles? Wofür gab er sich solche Mühe? Er Änderte und Machte und Tat ... Alles umsonst.

„Alles, was du tust, tust du für dich. Alle Erfolge sind deine Erfolge. Ich bleibe weiter deine Lehrerin und bin für dich da." Diese Worte halfen ihm gerade überhaupt nicht weiter. Er war enttäuscht und musste mit dieser Enttäuschung fertig werden – ohne Karin. Er ging nach Hause und legte sich ins Bett. *Scheiße*, dachte er.

Er riss sich wenigstens äußerlich zusammen, denn ein lange im Voraus gebuchter Workshop zum Thema Management stand an. Nach außen hin strahlte er, obwohl er sich innerlich elend fühlte. Er zog seinen besten Anzug an. Die Dozentin kam in den Seminarraum und er schnappte nach Luft. Sie sah beinahe so aus wie Karin. Groß, schlank, mit etwas mehr Rundungen und sehr attraktiv.

7
Widerstände

Endlich verliebt

Während des Seminars hat Thomas das Gefühl, die Dozentin spricht nur für ihn. Er starrt sie an, hängt an ihren Lippen und bekommt dann und wann einen Blick zugeworfen. Ein Blick, der ihn sehr aufwühlt und Gefühle in Gang setzt, die er schon lange nicht mehr erlebt hat. Manchmal schaut er sich um. Ist das ein Traum oder Wirklichkeit? Sind alle anderen Teilnehmer noch da oder sitzt er hier ganz allein, und diese Frau dort vorne agiert nur für ihn?

Gut, dass ihn niemand nach den Inhalten des Workshops fragt. Sein Kopf ist völlig leer, nur eins weiß er ganz genau. Er hat sich Hals über Kopf und innerhalb von Sekunden in diese Frau verliebt. Nach der Veranstaltung geht er in einer nie gekannten Selbstverständlichkeit zu ihr und verabredet sich für den Abend. Den Gedanken, was wohl Karin dazu sagen würde, schiebt er weit weg und konzentriert sich lieber auf das Feuerwerk seiner Gefühle. Der Abend ist ein Traum. Sie flirten, reden, küssen sich … Er landet in ihrem Hotelzimmer und ist im siebten Himmel. Wieder fällt ihm Karin ein, der nächste Termin mit ihr, und was sie wohl dazu sagen wird. Wird er ihr von diesem Abend erzählen? Wenn ja, in welcher Form? Solche Fragen hat er sich in seiner bisherigen Schülerlaufbahn noch nie gestellt.

Zwei Tage später sitzt er auf Karins Sofa. Sie spürt sofort, dass etwas passiert ist. Langsam und bedächtig erzählt Thomas von seiner Begegnung mit Yvonne, der Dozentin. Er ist bemüht, nicht zu viel Gefühl aufkommen zu lassen. Karin hört ihm zu, greift aber sofort ein.

„Das Leben liefert", sagt sie relativ kühl und fährt fort. „Durch die Ausbildung, deine Änderungen und Erfolge, ist deine Energie und Ausstrahlung gestiegen. Deine Attraktivität hat sich erhöht und Frauen reagieren auf dich. Zufällig bist du Yvonne begegnet und sie hat deine Energie aufgenommen."

„Wieso zufällig", platzt Thomas in Karins Ausführungen. „Dieses Seminar war lange geplant und sogar mit dir abgesprochen. Ich war nicht zufällig dort, vielmehr sollte ich da sein. Ein Wink des Lebens, so sagst du doch immer. Wahrscheinlich sollte dies alles so sein."

Karin atmet tief durch. Sie spürt viel Gegenwehr und seine Tendenzen zur Selbstverteidigung. „Hör mir doch einfach weiter zu!", beschwichtigt sie ihn. „Ihr habt euch privat getroffen und es ist jede Menge sexuelle Energie geflossen. Ihr findet euch gegenseitig großartig und seid über eure gleiche Wellenlänge ins Schwärmen geraten und so weiter und so fort", Thomas horcht auf und fragt sich, woher Karin das weiß. Das hat er ihr doch gar nicht erzählt.

Letztendlich ist es aber nur deine eigene Energie, die sie in deinen Augen so großartig macht. Sie nimmt deine Energie auf, zieht sie dir ab und du siehst genau das, was du haben willst. Nämlich ein Spiegelbild deiner eigenen Energieform in der Hülle einer attraktiven Frau. Du glaubst jetzt, dass sie die einzige ist, die dich endlich versteht, die deine Gefühle teilt, dich liebt, dir zuhört, dir deine Wünsche von den Augen abliest und die sexuelle Erfüllung ist. Was bleibt nach dem ersten Liebestaumel, nach drei bis sechs Monaten? Viel Ernüchterung und möglicherweise die Erkenntnis, was für eine Frau sie wirklich ist. Nämlich eine, die dir zufällig als erstes schöne Augen gemacht hat, als du gerade emotional besonders anfällig warst."

Thomas will das alles nicht hören. Er fragt sich ernsthaft, was sich Karin da ausdenkt. Und er hat einen Verdacht, wieso sie so reagiert. *Sie ist wahrscheinlich eifersüchtig.* Eifersüchtig auf sein Glück, seine Erfüllung und vielleicht auch auf seine erotischen Erlebnisse. Und er ist enttäuscht. *Sie könnte sich doch mit ihm freuen,* so wie sie sich in der Vergangenheit über seine Erfolge gefreut hat. Er hat schließlich so selbstbewusst und souverän reagiert wie nie zuvor. Es ist auch ein Erfolg für sein Selbstwertgefühl. Noch mit diesen Gedanken beschäftigt, steht er auf und verabschiedet sich. Der Termin ist zwar noch nicht zu Ende, aber es gibt nichts mehr, was er Karin erzählen will.

In den nachfolgenden Telefonaten und Gesprächen mit Thomas dominiert das Thema Yvonne. Es steht mehr zwischen ihnen, als dass sie es wirklich besprechen. Karin vertritt den für sie einzig gangbaren Standpunkt: Er muss sich schnellstmöglich von Yvonne trennen. „Du hast mit deiner Energie in das Karma dieser Frau eingegriffen. Sie war nie für dich bestimmt und du nicht für sie. Aber deine Energie hat sie abgelenkt, so wie ein aufschlagender Billard-Ball einen anderen von seinem Weg ablenken kann. Das ist eine grobe Form von Manipulation. Und jede Manipulation wird zurückschlagen. Eure beiden Leben passen nicht wirklich zusammen. Weder örtlich, noch beruflich. Nicht mal dieselben Interessen teilt ihr. Außer vielleicht Sex und Beziehungskram."

Thomas wird immer einsilbiger, er spricht immer weniger mit Karin und er versteht ihre kompromisslose Art immer weniger.

Sich von Yvonne zu trennen, kommt für ihn überhaupt nicht infrage. Zu Anfang tut er zwar so, als ob er dies in Erwägung zieht, doch sein Herz spielt bei dieser Entscheidung einfach nicht mit. Yvonne wird für ihn zum Gesprächspartner Nummer 1. Mit ihr kann er sich austauschen, auch wenn die Gespräche mit ihr nie so in die Tiefe gehen und sie manche seiner Gedanken nicht nachvollziehen will. Oft hat er das Gefühl, dass er einen Satz anfängt und sie ihn beendet. *Das ist doch nichts anderes wie perfekte Harmonie?* Bei der Arbeit und zu Hause kann er an nichts anderes mehr denken als an Yvonne. Alles andere erscheint ihm eher unwichtig und nebensächlich. Seine Schüleraufgaben macht er nur noch halbherzig. Oder gar nicht mehr. Sie sind ihm momentan nicht wichtig. Er hat ja sein Ziel erreicht: Glückseligkeit.

Was Thomas jedoch manchmal irritiert sind Yvonnes eher oberflächliche Freundinnen. Sie sind ihr sehr wichtig und mit ihnen verbringt sie viel Zeit. Aber was soll's. Sonst ist alles optimal und im Bett läuft es perfekt. Sie telefonieren mindestens dreimal am Tag miteinander und ihre SMS sind einfach hinreißend. Auch wenn er Karins Worte nicht hören will, hat er das, was er bisher gelernt hat, im Hinterkopf. Er beobachtet sich sehr genau und schaut: *Was macht seine Ausstrahlung und wie läuft es in den anderen Lebensbereichen?* Bei der Arbeit funktioniert alles prächtig, er ist locker und gut gelaunt bei Akquisegesprächen und hat so viel Erfolg wie nie zuvor. Es funktioniert – vielleicht wegen Yvonne und seinen Glücksgefühlen. Sie kann einfach nicht schlecht für ihn sein. Karin sagt doch immer, es muss funktionieren. Im Prinzip macht er doch genau das, was sie immer wollte.

Den nächsten Termin mit Karin verschiebt er, denn Yvonne hat Theaterkarten für sie beide organisiert. Er lügt Karin zum ersten Mal an. Sie hat das Unkorrekte seiner Absage wahrgenommen, er spürt ihre Irritation. Ganz schwach nimmt er ihren scharfen und gleichzeitig traurigen Unterton war. Es berührt ihn. Schnell wischt er diesen kurzen Eindruck weg und konzentriert sich auf den Abend mit Yvonne. Sie sieht traumhaft aus, mit ihrem tief dekolletierten Kleid und der Halskette, die er ihr geschenkt hat. So eine Frau hat er sich immer gewünscht. Ihr Anblick entschädigt ihn für alles.

In einem Telefonat spricht Karin mit ihm über das *Recht-Haben-Wollen*: „Thomas, du verdrehst meine Aussagen so skurril, dass du auf jeden Fall recht behalten kannst. Dabei kommt dann das Gegenteil von dem heraus, was ich dir gesagt habe!" „Nein!", widerspricht Thomas vehement. „Nicht ich verdrehe die Sätze, sondern du drehst mir die Worte im Munde herum. Alles, was ich sage, passt dir nicht, alles, was ich tue, ist nicht richtig. Ich bekomme keine Bestätigung von dir, du kritisierst mich nur noch. Egal, was ich sage, es ist immer falsch. Es macht echt keinen Spaß mehr. Wenn du nicht mehr da wärst, ginge es mir viel besser."

So, jetzt war es raus – ausgesprochen. Was sollte eine Ausbildung, die sehr viel Geld kostet und nur Ärger macht? Lieber würde er mit Yvonne nach Hawaii fliegen und ihre Nähe und Erotik am Strand genießen. So stellte er sich sein zukünftiges Leben vor.

Das Ende der Ausbildung

Thomas kann seine Worte nicht mehr zurücknehmen. Und er will es auch gar nicht. Er hat sich entschieden, als Schüler auszusteigen und seinem Herzen zu folgen. Nun ist es endgültig. Er geht noch ein letztes Mal zu Karin, denn er will ihr seine

Entscheidung persönlich überbringen. Forsch und entschlossen sitzt er ihr gegenüber. Er hat es sich weiß Gott nicht leicht gemacht und lange mit sich gerungen.

Seine Wünsche und Vorstellungen vom Leben gehen, seit er Yvonne kennt, in eine andere Richtung. Sie ist die Frau seines Lebens. Endlich hat er sein Ziel erreicht und die Person kennengelernt, mit der er den Rest seines Lebens verbringen möchte. Karin sieht das völlig anders und legt ihm noch mal nahe, sich von Yvonne zu trennen. Aber er kann nicht und er will nicht. So eine Verbundenheit mit einer Person hat er noch nie gespürt. Er ist endlich richtig glücklich. Er will Karins Sichtweisen und Werten nicht mehr folgen. Sicher weiß sie viel, aber in diesem einen Fall ist sie auf dem Holzweg.

Gut sieht er aus, wie er da vor mir sitzt, schlank und attraktiv, denkt Karin. Seine Haltung ist kerzengerade und seine Energie ist gebündelt, als er Karin seinen Entschluss mitteilt. Nie zuvor fühlte Thomas sich so im Recht und regelrecht überlegen. Karin erhöht ihre Aufmerksamkeit, fällt ihm ins Wort, sobald er Dinge verdreht und Manipulationsmechanismen einsetzt.

Sie spricht konzentriert und deutlich: „Den drei Egosehnsüchten wie Sicherheit, Stabilität und Vorhersagbarkeit folgt die vierte, nämlich das Recht-Haben-Wollen, ums Verrecken recht haben wollen. Diese Kraft und dieses Bedürfnis kann alles da gewesene ausschalten und dominieren. Nicht wenige Menschen haben alles, was sie erreicht haben aus diesem Grund aufgegeben, selbst wenn sie es mit dem Leben bezahlen mussten. Willst du wirklich alles aufs Spiel setzen, was du dir in den letzten Jahren erarbeitet hast?", fragt Karin zum letzten Mal. Sie spürt die Wand, die zwischen ihnen steht. Sie redet, wohl wissend, dass Thomas nichts mehr aufnimmt. Sie merkt, dass er in seinem Ego feststeckt. Er hört nicht mehr hin und dreht sich nur noch um sich selbst. Er will seinen Gefühlen nachgeben, obwohl er es besser weiß. Er will Yvonne, koste es, was es wolle.

Nur weil Thomas weiß, dass es der letzte Termin ist, hört er Karin anstandshalber zu. Sein Gesicht ist zu einer Maske geworden, seine Art ist kühl, zackig und entschlossen. Beim Verlassen des Zimmers dreht er sich nicht mehr um. Er hat seinen Blick nach vorne gerichtet. Er ist endlich wieder frei und kann tun und lassen, was immer er will. Er war jetzt zwei Jahre Schüler. „Das muss reichen, um auf eigenen Beinen zu stehen", hat er zu Karin gesagt. Thomas will keine Abhängigkeit mehr von Karin. Irgendwann muss ich mein Leben schließlich alleine in den Griff kriegen. Ich kann ja nicht mein Leben lang von Karin abhängig sein!, sagt er sich, und fühlt sich sehr im Recht.

Seine Zukunft sieht rosig aus. Die Vergangenheit und damit all das, was er gelernt hat, lässt er zurück. Nein, nicht ganz, das Meditieren wird er beibehalten. Es tut ihm gut. „Wird er wieder kommen?", fragt sich Karin, als sie ihm nachschaut. Sie hat Tränen in den Augen.

Eine Aufgabe für Karin

Karin nimmt die Situation sehr mit. Verständlicherweise. Sie geht joggen und spaziert viel im nahe gelegenen Wald. Das ist ihre Maßnahme, um alles zu verarbeiten. Sie hat einen guten Teil ihrer Lebenszeit investiert in einen Menschen, der auf dem Weg ist. Durch den Kontenausgleich hat Thomas für ihre Arbeit bezahlt und er steht in keiner Schuld. Aber es zehrt an ihr. Sie hat Thomas wachsen sehen und jeder seiner Erfolge war eine Bestätigung ihrer Arbeit.

Er hat deutlich hinzugewonnen. Sein Aussehen hat sich verändert. Mit jedem Aspekt, den er in Besitz genommen hat, ist er kantiger und ausdrucksstärker geworden. Sein verändertes Verhalten prägte seinen Körper und seinen Gesichtsausdruck.

Reisende muss man ziehen lassen", sagte einst ihr Meister. Trotzdem tut es weh, diesen Schritt geschehen zu lassen in dem Wissen, nichts weiter für den Schüler tun zu können. Sie meditiert sehr viel und schaltet nach und nach die Energiezufuhr an Thomas ab. Diese konstante Energiezufuhr war ein Teil des Vertrages, den sie mit Thomas abgeschlossen hat. Dadurch konnte er jederzeit seine Energiedefizite ausgleichen. Sie hat es Thomas so erklärt: „Das ist bei Schülern notwendig, da sie selbst noch keine volle Selbstkontrolle haben, und ihre Energie manchmal sinnlos verschwenden. Dafür sind es halt Schüler. Zudem kann es Projekte und Ziele geben, für die die Schülerenergie nicht ausreicht. Dann helfe ich aus." Dieser Zugriff auf ihre Energie bleibt ihm jetzt verwehrt.

Sie erinnert sich an die Gespräche mit ihrem Meister und an eine ähnliche Situation in ihrem eigenen Leben. Sie hat damals die eigene Beziehung schweren Herzens beendet. Sie erinnert sich sehr genau, wie ungerecht sie die Anweisungen des Meisters fand. Im Nachhinein war sie heil froh über seine Hartnäckigkeit. Der Mann, in den sie sich damals spontan verliebt hatte, passte überhaupt nicht zu ihr. Und er war ihr in keinster Weise gewachsen.

Sie wird mit ihrem Meister reden. Nach dem alten Schülermotto: *Gutes ist am besten gleich getan*, ruft Karin sofort an und bittet um ein Gespräch. Er hat Zeit und eine Stunde später sitzt sie ihm gegenüber. Auf dem Tisch stehen eine Flasche Rotwein und zwei Gläser.

Ein wiederkehrendes Phänomen

Setz dich", sagt er gütig und legt ihr die Hand auf die Schulter. Der Meister kennt die Umstände, denn Karin hat zwischenzeitlich häufiger mit ihm telefoniert. „Die Situation wie mit deinem Schüler Thomas habe ich bereits mehrfach erlebt. Ich nenne das Phänomen den sexuellen Dämon."

„Es gibt einen sich immer wiederholenden Vorgang. Männlich oder weiblich spielt dabei keine Rolle. Die Voraussetzung ist eine Lebenssituation, in der der Schüler über einen gewissen Zeitraum hinweg einen relativ hohen Energiepegel aufrechterhalten hat. Die Lebensumstände sind ruhig und eher stabil. Aber er wird von einem Problem gequält. Im Fall von Thomas leidet er unter seiner Beziehungslosigkeit. Du hast mir davon erzählt. Und auch du selbst hast ihn nicht erhört." Der Meister schmunzelt leicht und stoppt sofort Karins Einwand mit dem Nachsatz: „Aus gutem Grund!"

„Dann passierte bei Thomas Folgendes: Das erstbeste weibliche Wesen, das ein wenig Interesse zeigt, wird mit der eigenen Energie überschüttet. Der Schüler wie auch sein ausgewähltes Opfer glauben gegenseitig, den idealen Partner gefunden zu haben. Das Schwergewicht liegt eindeutig in der sexuellen Ebene. Es ist eine intensive Form von Verliebtheit, einhergehend mit sehr starken sexuellen Gefühlen. Zusätzlich empfindet man die Gegenwart des anderen als besonders intensiv und gefühlsbetont. Ein überdimensioniertes, strahlendes Liebesgefühl. Wie man es vielleicht in dieser Form noch nicht erlebt hat."

„Genauso hat es mir Thomas beschrieben", antwortet Karin. „Wenn der andere nicht da ist, beginnt ein intensiver Herzschmerz. Dieser herzzerreißende Gesichtsausdruck", resümiert Karin weiter, „wie in kitschigen Liebesfilmen. Du hast mir zwar beigebracht: *Männer sind Gefühlsmenschen*. Aber was da

an Gefühlen hochgekommen ist, habe ich bei Thomas noch nie
erlebt. Er sitzt mir gegenüber, das Handy bimmelt und eine der
tausend SMS lässt ihn in andere Sphären abheben."

„Nun beruhige dich mal wieder", der Meister lächelt sie
an. „Du warst damals auch nicht viel besser." „*ICH?*", Karin
schaut entsetzt. „Ich habe immer versucht meine Gefühle nicht
so hoch kochen zu lassen." „Ich weiß", erinnert sich der Meister, „die Verstandesfrau Karin. Dennoch kann ich mich an deine Gefühlswallungen sehr genau erinnern. Du warst nicht viel
besser als dein Thomas." „Er ist nicht MEIN Thomas!" Karin
wird fast patzig, bekommt sich aber sofort wieder in den Griff.
Sie erinnert sich: „Auch ich wollte recht haben. Mir war zwar
schnell klar, dass dieser Mann nicht der richtige ist, aber die
intensiven Gefühle und Annehmlichkeiten wollte ich unter keinen Umständen aufgeben. Außerdem war der Sex toll."

„Wie?", jetzt schaut der Meister irritiert, „das hast du mir
damals nicht erzählt." „Natürlich nicht, auch ich habe nur das
Nötigste mit dir besprochen", grinst Karin. „Kritik von außen
habe ich überhört, abgelehnt oder als Ansporn genommen,
mich noch enger anzukuscheln. Zwei gute Freundinnen haben
damals nicht verstanden, was ich da mache. Sie haben mir ganz
klar gesagt, dass dieser Mann nicht zu mir passt. Ich habe als
Konsequenz einfach den Kontakt zu den beiden aufgegeben."

Der Meister übernimmt wieder das Wort und beleuchtet das
Phänomen aus einer höheren Perspektive: „Um recht zu haben,
werden im Ernstfall selbst Beruf und persönliche Freiheit aufgegeben. Die Entzugserscheinungen dieser Verliebtheit ähneln
stark denen von Drogenabhängigen. Ich vermute das liegt an
den körpereigenen Opiaten, die unser Gehirn ausschüttet, wenn
wir im Liebestaumel sind. Wenn es nicht in einem sehr frü-
hen Stadium gelingt, dieses Phänomen restlos zu löschen und
auch nur ein Liebesbeweis (Liebesbrief, SMS, Geschenk) übrig

bleibt, dann wird genau dieses Beweisstück die Ausgangsbasis für einen noch heftigeren Ausschlag (Wiedersehen, Versöhnung, Tränen, Sex …) sein. Sollte der Schüler sich aus Einsicht oder aus Zwang schließlich doch dazu entschließen, diese Beziehung zu beenden, entstehen echte körperliche und seelische Entzugserscheinungen."

„Nach etwa drei Monaten hört die direkte Verliebtheit auf, die Wirkung der ‚Liebesdroge' lässt nach. Dann aber übernimmt das Ego, denn es will ja nicht zugeben, dass es vielleicht die ganze Zeit unrecht hatte. Also geht alle Energie dahin, diese Beziehung als glücklich und gut zu erklären. Das wird dann jedem Außenstehenden, der Familie und den Freunden erklärt, ob sie es nun hören wollen oder nicht. Aus der ehemaligen Liebesbeziehung wird ein Geflecht von Besitzdenken, Abhängigkeiten und Manipulation."

Erklärungen zum Dämon

Karin ist sehr dankbar, dass sie diesen Bereich der Schülerschaft mit ihrem Meister so ausgiebig besprechen kann. Stünde sie alleine davor, wäre es sehr viel schwieriger. „Kannst du mir erklären, weshalb es zu dieser starken Anziehung kommt?", fragt Karin.

„Die Grundlage der Erklärung ist die Einsicht, dass sexuelle Energie und Lebensenergie dasselbe Phänomen sind. Überall, wo Lebensenergie fließt, fließt auch gleichzeitig sexuelle Energie. Für Außenstehende sieht es oft so aus, als würde Liebe fließen. Oder sexuelle Anziehung. Oder beides."

„Ein Schüler, der sich auf dem Weg der Erleuchtung befindet, kommt nicht umhin, im Laufe dieses Weges immer mehr Lebensenergie anzusammeln. Das liegt hauptsächlich daran, dass im Zuge der Ausbildung die vorhandenen Energielöcher gestopft werden und sich so ganz natürlich der Gesamtenergievorrat erhöht."

Die Schüler machen zunächst einen guten Fortschritt in ihrem Leben. Ihre Energie steigt, sie bekommen ihre Probleme in den Griff. Sie werden erfolgreich, ihre Attraktivität für mögliche Sexualpartner steigt, sie verwenden ihre Lebensenergie, um ihre Lebensumstände zu verbessern. So schaffen sie es nach einiger Zeit, ihre dringlichsten Probleme in den Griff zu bekommen."

„Jetzt braucht es eigentlich nur einen Auslöser. Ein Angstgefühl, ein Mangel oder eine scheinbare Überlastung. Auf jeden Fall ein Umstand, den der Schüler vermeiden will. In dieser Situation kann es passieren, dass der Schüler unbewusst die Schleusen zu seiner Energie öffnet. Und es trifft den Erstbesten, der gerade in der Gegend ist. Ihn trifft der Blitzschlag der Schülerenergie. Es kommt nicht darauf an, dass das Opfer auch nur irgendwie zum Schüler passt, für ihn bestimmt ist, gleiche Interessen hat oder attraktiv ist. Frauen machen aus dem erstbesten Mann einen aufregenden Charmeur und Männer sehen in jeder Frau eine Schönheitskönigin. Ohne besondere Auswahl oder Grund. Rein zufällig. Ob der andere nun passt oder nicht, ist gleichgültig. Es trifft den erstbesten Passanten, der des Weges kommt. Das Opfer wird von dem Schwall an Energie komplett überwältigt. Dem Schüler passiert das Gleiche, da dieselbe Menge an Energie, die er dem Opfer gibt, zurückkommt. Wie Wasser in kommunizierenden Röhren. Eine große Menge fließender Energie."

„Dann geht alles sehr schnell. Der Schüler glaubt ernsthaft, dass es sich bei dem Opfer um DIE wichtige Beziehung im Leben handelt, dass er zum ersten Mal richtig verstanden wird.

Und das ist auch nicht falsch. Denn, was der Schüler sieht und in was er sich tatsächlich verliebt, ist seine eigene Energie, die selbstverständlich perfekt passt. So, als würde man dem Partner eine Kopie seiner Kleidung überziehen und dann in ekstatische Beglückung verfallen, dass der andere genauso gekleidet ist wie man selbst. Das kann ja nur ideal passen ..."

Alles, was der Schüler am anderen zu erkennen glaubt, ist tatsächlich nur die Projektion seiner selbst. Ganz schnell nimmt sich das Ego der Sache an und ist sofort davon überzeugt, dass dies eine einmalige und wertvolle Beziehung ist, die man auf keinen Fall verlieren will. Das Ego übernimmt die Kontrolle über das Leben. Alles Wissen, alle Einsicht und aller Verstand werden darauf überprüft, ob es des Recht-Haben-Wollens dienlich ist. Wenn nicht, werden Informationen ganz einfach verdrängt, Zweifel vergessen oder kategorisch abgelehnt. Auch wenn der Verstand *weiß*, dass man gerade Mist baut, wird er doch vom lauten Klang des recht-haben-wollenden Egos übertönt. Es entsteht ein abstruses Weltbild, geschaffen von einem Schüler, der immer weiter recht haben will."

„Gehört dazu zum Beispiel, dass Yvonne eigentlich vergeben war?", fragt Karin. „Thomas erzählte in einem Nebensatz über Yvonnes geplante Hochzeit im nächsten Frühjahr. Das heißt, sie war nicht frei für ihn und hatte eigene Pläne und Vorstellungen von ihrer Zukunft!" „Genau!", der Meister nickt.

Karin denkt laut: „Ich habe Wahrheit ausgesprochen und Thomas damit konfrontiert. Er begann zu schweigen, um nicht lügen zu müssen. Er pickte sich die Aussagen heraus, die ihm nützlich waren und alles andere verdrehte oder vergaß er. Diese Mechanik gipfelt darin, dass er sich von allen Menschen löst, die gegen seine Interessen sprechen. Das war der Moment des Abbruchs seiner Ausbildung."

„Die Folgen", der Meister übernimmt wieder das Wort, „der eigenen Handlung werden negiert oder nicht mehr zur Kenntnis genommen. Es findet eine Rückentwicklung vom Erwachsenenego zum Kinderego statt. Damit beginnt eine Abwärtsspirale. Die vorher mühsam geschlossenen Energielöcher öffnen sich wieder, das Leiden der Kinderegos taucht wieder auf und gleichzeitig muss er den Partner weiter mit Energie fluten. Da ein recht-haben-wollendes Ego sehr zäh ist, kann dies bis zur völligen Selbstaufgabe, dem Verlust des gesellschaftlichen und sozialen Lebens und oder der Gesundheit führen. Während dieser gesamten Zeit wird das alles nicht etwa als Verlust oder Gefahr empfunden, sondern entweder komplett ausgeblendet, oder in das künstliche Liebesgefühl als bittersüßen Liebesschmerz eingebaut. Dieses Gedankengebäude hilft dem Ego paradoxerweise, sein Werk weiter voranzutreiben."

Nach rund drei Jahren (mal früher, mal später) kommt der Schüler langsam wieder zur Besinnung. Die eigene Energie reicht schon lange nicht mehr aus, um den anderen zu fluten. So werden Abhängigkeiten an Stelle der ‚Liebe' treten, was die Beziehung weiter am Leben hält. Manchmal findet der Schüler zurück. Wenn er jung genug ist, hat er die Chance, die verpassten drei Jahre irgendwie wieder aufzuholen. Ab einem gewissen Alter sind die Verluste zu gravierend. Wer nur die ersten Treppenstufen der Lehre gegangen ist und dann zurück fällt, holt sich ein paar Blessuren, kann sich schütteln, wieder aufstehen und von vorne beginnen. Wer den Weg schon weit gegangen ist, wird tief fallen, heftig aufschlagen und massive Verluste erleiden. Aber eine Chance im nächsten Leben gibt es immer." Der Meister bimmelt wie ein Losverkäufer mit einer imaginären Glocke in der Hand und ruft: „Nächstes Leben, nächstes Glück!"

Das erstbeste Opfer

Karin wechselt die Perspektive. Bisher hat sie die Rolle von
Thomas eingenommen, doch wie ergeht es Yvonne? Sie will
wahrscheinlich nur ein bisschen flirten, aber ansonsten ihren eigenen Weg gehen. Sie hat ihr eigenes Karma, ihre eigenen Ziele
und Klaus, den Mann, den sie nächstes Jahr heiraten wollte.
Um zu flirten, deaktivierte sie ihre normalen Schutzmechanis-
men. Niemand kann gleichzeitig Kontakt mit einem anderen
Menschen aufnehmen und auf Distanz bleiben.

Plötzlich bekommt sie diese Riesenmenge sexuelle (Lebens-)
Energie übergestülpt. Dagegen kann sie sich nicht wehren, denn
die meisten Menschen leben im Energiemangel. Das fühlt sich
so an, als würde man schlagartig mit einer Unmenge an Bank-
noten überschüttet. Wer kann da schon widerstehen?

Yvonne übernimmt mit der Energie auch einen guten Teil
des Wissens, der Emotionen und des Karmas von Thomas. Deshalb ist die Kommunikation so „perfekt". Es erscheint, als wis-
se der andere schon vorher alles, was der Partner sagen will und
ergänzt es perfekt mit seinen Antworten.

Ein kleiner verbliebener Rest der Opferseele versucht sich
standhaft gegen die „Übernahme" seines Lebens zu wehren.
Karin erinnert sich daran, dass Yvonne anfangs zwei Verabredungen mit Thomas mit fadenscheinigen Begründungen abge-
sagt hat. Klaus, ihr heiratswilliger Freund, war der hartnäckige
Grund, die Beziehung zu Thomas mehrmals infrage zu stellen.
Allerdings ohne Erfolg. Zu diesem Zeitpunkt hat Thomas noch
mehr oder weniger bereitwillig über die neue Beziehung erzählt.

Der Meister entwickelt wieder ein Bild: „Stell dir einen kleinen Satelliten vor mit Namen Yvonne. Durch den Kontakt mit
einem größeren Satelliten wird er auf eine neue, gemeinsame

Bahn gezwungen. So ist es Yvonne ergangen mit ihrer Lebensplanung. Das ist eine massive Manipulation eines anderen Lebens. Etwas, das niemand unter keinen Umständen tun darf,
ohne sich selbst zu belasten. Weder Thomas noch Yvonne sehen
die Wahrheit. Sie können sie schon gar nicht aussprechen und
damit auflösen. Wie alle Manipulationen schlägt deshalb auch
diese zurück."

Aus der Sicht des Schülers

Der Meister schaut noch mal auf die Situation von Thomas und
fasst die Essenz zusammen: „Thomas verliert die Beziehung zu
seinem Lehrer, also zu dir. Die Lehrer-Schüler-Beziehung ist
die wichtigste und die am längsten währende Beziehungsform,
die es gibt. Und passende Lehrer gibt es nicht an jeder Ecke,
und schon gar keine Meister."

„Gleichzeitig verbaut sich Thomas die Chance, einen wirklich passenden Lebenspartner zu finden und damit eines seiner
Ziele zu erreichen. Dies war mit ein Grund, die Ausbildung zu
beginnen. Ein passender Partner braucht nicht den sexuellen
Dämon. Der passende Partner geht in etwa denselben Kar-
mapfad und ist sich selbst genug. Er sucht nicht einen anderen,
der ihn ergänzt, nur weil er sich unvollständig fühlt oder un-
vollkommen. Eine funktionierende Partnerschaft ist eine, bei
der beide Partner den anderen nicht brauchen, um glücklich
und zufrieden zu sein. Sie können sich jederzeit ohne Verlust
trennen. Und entscheiden sich jeden Morgen aufs Neue dafür,
wieder einen Tag zusammenzubleiben. Einfach, weil es gut ist
zusammen zu sein. Nur in dieser Umgebung kann wahre Liebe
wachsen und gedeihen. Eine Liebe, die auch den Tod und eine
Reinkarnation überdauert."

„Diese Liebe ist von einer völlig anderen Qualität wie die des recht habenden Kinderegos. Sie unterstützt, sie baut auf, sie bringt beide weiter, sie fesselt nicht. Sie ist kein gieriger Strudel, sondern eher ein ruhiger Fluss. Sie kostet keine Energie, sondern bringt Energie. Langfristig."

Die Perspektive des Lehrers

Und nun, am Schluss meiner Ausführungen, komme ich zu dir: Für dich als Lehrerin ist es hart, einen Schüler unter diesen Umständen zu verlieren. Ein Lehrer hat immer das Ziel, dass seine Schüler besser werden als er selbst und ihn irgendwann übertreffen. Lehrer, die ihre Schüler immer klein halten, um selbst jederzeit überlegen zu sein, verdienen den Namen nicht."

„Deshalb hältst du als Lehrerin nichts zurück und bist bereit, dem Schüler alles Wissen, alle Weisheit, Energie, Führung und Erfahrung zu vermitteln, derer du fähig bist. Es ist schrecklich, wenn dein Schüler dem sexuellen Dämon verfällt. Thomas will springen und du siehst wohin – ins offene Verderben. Er selbst nennt dieses Verderben Lebensglück."

Kann ich irgendetwas tun?", fragt Karin ihren Meister. „Ich glaube nicht viel", entgegnet der Meister und führt ein buddhistisches Beispiel an: „Auch der Buddha kannte das Problem. Das erklärt, warum seine Mönchsregeln speziell beim Kontakt zu Frauen derartig restriktiv waren. Er hat gesehen, dass der am einfachsten funktionierende Weg der ist, die Möglichkeit der sexuellen Anhaftung schon im Keim zu ersticken. Deshalb kein Kontakt mit dem anderen Geschlecht. Null, niente, nix, nada. So war die Mönchsregel, obwohl für eine erleuchtete Seele überhaupt nichts gegen Sex spricht. Eher im Gegenteil.

Aber die meisten seiner Schüler waren eben noch auf dem Weg, da war es einfacher und sicherer, Sex von vornherein komplett auszuschließen."

„In der heutigen Zeit ist diese einfache Lösung aber kein wirklich gangbarer Weg. Deshalb bedarf es sehr viel mehr Anstrengung vonseiten der Lehrer, ein Gleichgewicht zwischen dem Weg der Erleuchtung und der Egowelt aufrechtzuerhalten."

Das bedeutet auch, dass du im Falle des sexuellen Dämons schnell und konsequent einschreiten musst. Je früher und je massiver du einschreitest, desto besser kannst du noch deinen Einfluss geltend machen. Allerdings ohne Erfolgsgarantie. Manchmal wird es dir nicht gelingen, denn das Kinderego ist gerissen und findet immer einen Weg, bis hin zur Lüge, um doch recht zu bekommen."

„Ein weiterer Weg wäre, den Schüler derartig mit Aufgaben einzudecken, dass er nie den stabilen und gesetzten Energiezustand erreicht, der die Voraussetzung für den sexuellen Dämon ist. Das kann aber auch nicht der Sinn der Sache sein, denn irgendwann muss jeder Schüler auf den Weg zur eigenen Meisterschaft gebracht werden, und spätestens da hat er auch die Verfügung über seine eigene Energie, sein eigenes Karma, seine eigenen Ziele. Dann hat auch der sexuelle Dämon wieder seine Chance, was in diesem fortgeschrittenen Stadium der Ausbildung besonders fatale Folgen hat."

Vielleicht gibt es noch einen anderen Weg, der mir bisher noch nicht eingefallen ist. Ich bin für jeden Hinweis dankbar. Bis dahin halte ich mich an Buddhas letzte Worte: *Tu dein Bestes!*"

Karin ging es viel besser, als sie mit den Worten des Meisters im Ohr und einigen Gläsern Rotwein im Bauch nach Hause ging. *Tu dein Bestes*, diese Worte klangen nach. Ja, das wollte sie tun. Auch wenn Thomas sich momentan anders entschieden hatte, er war und blieb ihr Schüler.

Liebe oder Leiden

Blauer Himmel – Sonnenschein. Thomas lag auf einer Wiese und streichelte Yvonne den Nacken. Es war ein warmer Tag im April. Die Sonnenstrahlen verfingen sich in ihrem Haar und erzeugten ein wunderbares Farbenspiel. Thomas genoss jede Sekunde hier auf dieser Decke mit der schönsten Frau der Welt. Er war sehr stolz, eine so attraktive Frau bekommen zu haben. Seit drei Monaten schwebte er auf rosa Wolken. Auch, wenn er nicht die 100-prozentige Zustimmung all seiner Bekannten hatte. Seine besten Freunde, Bärbel und Stefan, distanzierten sich ein wenig von ihm. Gemeinsame Verabredungen kamen fast nie zustande. Immer fanden sie einen Grund, weshalb es nicht klappte. Wahrscheinlich waren sie eifersüchtig auf sein Glück.

Zu den Abenden mit Yvonnes Freundinnen wurde er nicht eingeladen. Yvonne bestand auf ihre „Mädelsabende", versprach ihm aber jedes Mal einen romantischen Abend zu zweit. Die Zeit mit ihr verging wie im Flug. Sobald sie sich trennten, fing sein Herz an zu schmerzen. Er wäre am liebsten Tag und Nacht mit ihr zusammen. Wenn er nicht wusste, wo sie war, packte ihn eine nie gekannte Sehnsucht. Er schrieb eifrig SMS, sie antwortete mittlerweile nur noch auf jede zweite oder dritte. Um das Feuer der Liebe zu schüren, kaufte er regelmäßig rote Rosen und kleine Geschenke. Ein Stich versetzte ihm ihre Reaktion auf das Geburtstagsgeschenk. Der Gutschein für ein Wellness-Wochenende war offenbar nicht wertvoll genug gewesen.

Die ersten drei Monate sind sie kaum aus dem Bett herausgekommen, aber langsam wurde der Sex zwischen ihnen normaler. Sobald Yvonne lacht, ist er hin und weg, nur lacht sie nicht mehr ganz so viel, wie in den ersten Monaten ihrer Beziehung. Außerdem stört ihn ihre Unordnung. Sie sind zwar nicht offiziell zusammengezogen, doch lebt sie mindestens die halbe Woche in seiner Wohnung. Überall liegen ihre Klamotten. Sie zieht ein Kleidungsstück aus und lässt es liegen. Zu Karins Zeiten war seine Wohnung in einem Top-Zustand. Heute kann er das nicht mehr behaupten. Ihn stört es sehr, doch auf diesem Ohr ist Yvonne taub. Sie liebt ihr Chaos und findet sich wunderbar darin zurecht. Samstagmorgens ist Thomas gerne laufen gegangen. Yvonne liebt den Samstagmorgen im Bett und hält nichts von Frühsportaktivitäten, mit einer Ausnahme. Egal, worüber sie sich unterhalten, Yvonne hat meistens eine andere Meinung oder auch eine andere Einstellung dazu. „Gegensätze ziehen sich an", hat sein Vater früher immer gesagt. Und der musste es ja wissen.

Ich muss gehen!" Trotzig kommen diese Worte aus Yvonnes Mund. Sie steht vor ihm und schaut ihn grimmig an. „Wieso kannst du mir nicht sagen, wann du wieder da bist?", jammert Thomas. Er ist verzweifelt. Wieso informiert sie ihn nicht? „Weil ich es noch nicht genau weiß. Vielleicht in zwei oder drei Tagen oder auch erst nächste Woche!", antwortet sie spitz, wohl wissend, dass sie ihn mit dieser Antwort zur Weißglut treibt. Thomas kriselt. Er kann sich auf nichts einstellen, sie aber auch nicht zu konkreten Antworten überreden. „Mein lieber Thomas, du bist kontrollsüchtig", sagt sie und verschwindet. Ohne einen Abschiedskuss. Er hasst ihre Spielchen und leidet darunter. Warum macht sie das nur?

Einen Monat später. Auf dem Sofa vor dem Fernseher. Yvonne dreht plötzlich den Ton ab und schaut Thomas an. „Ich muss dir was sagen." Thomas lehnt sich zurück und hat kein gutes Gefühl. „Du kennst doch meine besten Freundinnen?", beginnt Yvonne. Thomas nickt. „Wir haben beschlossen, zehn Tage nach Mallorca zu fliegen." Pause. „Und ich?" Thomas schaut entsetzt. „Ich dachte wir zwei fliegen nach Hawaii? So war es doch vereinbart." „Ja, ja, aber erst fahre ich mit meinen Freundinnen nach Mallorca. Wir haben schon gebucht. Hawaii können wir doch auf nächstes Jahr verschieben."

Thomas glaubt seinen Ohren nicht zu trauen. Was ist nur aus dieser wunderbaren Beziehung geworden? Wieso tut sie ihm das an? Sie macht, was sie will. Ohne Absprachen, ohne Planung und ohne Rücksicht. Einfach so. Wenn sie wenigstens mit ihm darüber reden würde. Aber das hatte sie ja nicht nötig. Frau „Gräfin" bestimmt und er musste sich fügen.

Lachend und gut gelaunt sitzt sie mit ihrem riesigen Koffer im Auto. Thomas bringt sie zum Flughafen. Auf ihre Fragen und Anspielungen antwortet er nur mit kurzen, knappen Sätzen oder schweigt. Mit einem schnellen Kuss auf die Wange verabschiedet sie sich in der Schalterhalle.

Er schaut ihr noch einmal nach, doch sie ist bereits mit ihren Freundinnen und Gedanken schnatternd Richtung Terminal unterwegs. Ihn zerreißt es fast. Die Beziehung ist für ihn unter die Grenze des „normalen" abgesackt. Ihm ist klar, dass die Feurigkeit und die großen Liebesgefühle abebben. Aber wo ist die Intensität geblieben, der Tiefgang, das fast blinde gegenseitige Verstehen von den Anfängen ihrer Beziehung? Er ist frustriert und hochgradig enttäuscht.

Es regnet und es ist ihm gerade egal, wohin die Straße ihn führt. Er fährt einfach drauflos – unkonzentriert und in Gedanken. O Gott, beinahe hätte er eine rote Ampel überfahren. Er muss aufpassen und reißt sich kurzzeitig zusammen. Wo will er hin? Da fällt ihm eine abgelegene Kneipe im Wald ein. Ein guter Platz für seinen Frust und seine Verletztheit. Thomas starrt auf die Straße. In seinem Kopf fahren seine Gedanken Karussell. Alles dreht sich. Die Leitplanke auf der gut ausgebauten Landstraße kommt näher und näher. Vor ihm tauchen zwei helle Scheinwerfer wie aus dem Nichts auf.

Dann wird es dunkel.

8
Der Neuanfang

In fremder Umgebung

Thomas kommt zu sich. Wo ist er? Er schaut sich um. Er sieht ein Krankenbett und einen hellen, sterilen Raum. An seinem Körper befinden sich allerlei Schläuche und Verbände. Drei Männer in weißen Kitteln stehen vor ihm und sprechen miteinander. „Was ist passiert, wo bin ich?" Thomas erhebt seine Stimme. Sie klingt schwach und mitgenommen. Er zwingt sich zu einem Lächeln.

„Sie hatten einen Autounfall und liegen jetzt im Krankenhaus. Gestern Nacht haben wir ihr rechtes Bein operiert." Ein Autounfall ... gestern ... Thomas ist wie erschlagen. Er kann sich an nichts erinnern. Doch – etwas fällt ihm ein, eine kurze Sequenz. Er sitzt hinter dem Steuer seines Autos und hört eine Stimme: „Machen sie sich keine Sorgen, wir holen Sie hier raus." Dann weiß er nichts mehr.

Die Ärzte diskutieren über sein Bein. Es ist mehrfach gebrochen und musste an drei Stellen geschraubt werden. Sein Gesicht fühlt sich rau an. Es ist über und über mit kleinen Wunden überzogen, verursacht durch die Glassplitter der Frontscheibe. Sein Körper schmerzt. Am Oberkörper hat er blaue Flecken und Schürfwunden, das Atmen fällt ihm schwer. Er unterbricht das Murmeln der Ärzte. „Können Sie mir sagen, wer den Unfall verschuldet hat. Bin ich schuld? Habe ich jemanden verletzt?" „Das wissen wir nicht", antwortet der Arzt, der direkt neben ihm steht. „Die Polizei hat schon angerufen und wird gleich vorbeikommen. Die kann Ihnen mehr erzählen."

Thomas liegt alleine im Krankenzimmer und fühlt sich schlecht, hilflos und sehr einsam. Er kann die Tränen kaum zurückhalten. Was hat er nur getan? Wie konnte es zu dieser Situation kommen? Ihm fällt der kühle Abschied von Yvonne wieder ein.

Eine Schwester bringt ihm ein Telefon. Die Polizei ist am Apparat und erklärt ihm den Unfallhergang. „Ein Auto ist mit überhöhter Geschwindigkeit in einer Kurve von der Fahrbahn abgekommen und frontal mit Ihnen zusammengestoßen." Aller Wahrscheinlichkeit nach ist er nicht schuld. Der eingeschaltete Sachverständige wird die Situation genau bewerten. Eine große Last fällt Thomas von den Schultern. Der Polizeibeamte wundert sich am Ende des Telefonats über die Klarheit und Präzision von Thomas Fragen – kurz nach solch einem schweren Unfall.

Die nette Schwester kommt wieder herein, nimmt ihm das Telefon ab und erwähnt beiläufig, dass die ganze Nacht eine Frau an seinem Bett gesessen hat. WAS??? Thomas ist hellwach. Ist Yvonne doch nicht gefahren und hat gespürt, dass ihm etwas passiert ist?

Sie erzählt weiter, dass sie bei seiner Einlieferung in die Unfallstation seine persönlichen Gegenstände an sich genommen hat. Auf der Suche nach seinen Personalien fand sie in der Geldbörse eine Visitenkarte mit der Aufschrift: *Nur im Notfall anrufen.* Sie wählte die Handynummer, sprach kurz mit der Frau, die dann eine halbe Stunde später hier im Krankenhaus eintraf. „Wo ist die Frau jetzt?", fragt Thomas schnell. „Sie ist wieder gegangen, sagte aber, sie würde wiederkommen."

Das Wiedersehen

Karin. Karin war die ganze Nacht bei ihm gewesen und hatte an seinem Bett gewacht. Er spürte ihre Präsenz und die starke Verbundenheit zwischen ihnen. Er lag in seinem Bett, lächelte und wusste: *Sein Leben geht weiter*. Alles wird gut.

Die Tür ging auf und – nein, es war nicht Karin, sondern der Pfleger für den Verbandswechsel. Die Wunden waren lang und blutig, sein Bein war unförmig und sah gar nicht gut aus. Er riss sich zusammen, schaute beim Neuverbinden aus dem Fenster.

Eine Hand legte sich auf seine Schulter. Diese Berührung kannte er. Karin nahm in so gut es ging in den Arm und setzte sich auf einen Stuhl nahe seinem Bett. „Warst du wirklich die ganze Nacht bei mir?", wollte Thomas als erstes wissen. „Natürlich", sagte Karin, so als wäre das die normalste Sache der Welt. „Warum tust du das?", fragte Thomas weiter. „Du bist mein Schüler und das wird immer so bleiben", sagte Karin schlicht. „Nach allem was geschehen ist?" „Ja", sagte sie nur.

Karin saß bei ihm, hielt ab und zu seine Hand und schwieg. Die Atmosphäre des Raumes veränderte sich. Sie wurde klarer, angenehmer, gerade so, als würde um sein Bett herum eine Blase mit Heilkraft entstehen. „Aktiviere deine Selbstheilungskräfte", riet ihm Karin. „Stelle dir kleine Bauarbeiter vor, die mit Schubkarren und Werkzeugen damit beschäftigt sind, die Trümmer in deinem Bein zu beseitigen und zerstörtes Gewebe zu festigen und aufzubauen."

„Hast du Yvonne informiert?", fragte Karin für Thomas völlig unerwartet. „Nein, sie ist mit ihren Freundinnen im Urlaub." „Es ist wichtig, mit ihr zu sprechen. Du hast dich für sie entschieden, also handle auch dementsprechend korrekt." „Bist du gar nicht eifersüchtig?", platze es aus Thomas heraus. Karin schaute ihn verwundert an: „Ich bin weder eifersüchtig noch war ich es je. Mir kommt es allein darauf an, dass dein Leben und deine Beziehungen funktionieren und es dir gut geht." Hatte er Karin damals so falsch verstanden? Thomas wird nachdenklich.

Zeit zum Nachdenken

Bevor er einschläft und seinen „Bauarbeitern" mit Heilungsvisualisierungen Raum zur Gesundung gibt, ruft Yvonne an. Wahrscheinlich hat sie die Nachricht auf der Mailbox abgehört, die er ihr hinterlassen hat. Sie hört sich sehr aufgedreht an. Im Hintergrund hört er Discomusik. Er erzählt ihr von seinem Unfall und seinen Verletzungen. Yvonne ist einen Moment sprachlos. „Wirst du im Krankenhaus gut versorgt?", fragt sie fast ein bisschen verlegen. „Du weißt, dass ich nicht so einfach vorzeitig zurückkommen kann. Das Umbuchen ist sehr teuer und teilweise gar nicht möglich. Wenn es nicht unbedingt nötig ist und du im Krankenhaus gut aufgehoben bist, bleibe ich hier." Die Musik im Hintergrund wird lauter. „Ich muss jetzt Schluss machen", brüllt Yvonne ins Telefon. „Ich melde mich wieder ..." Die Verbindung bricht ab.

Thomas schläft schlecht. Er ist wie in einem Halb-Wach-Zustand. Sein Leben läuft vor ihm ab wie ein Film. Die Zeit als Kind, Jugendlicher und suchender Erwachsener. Er spürt hinein in seine Frustphasen, sein Auf und Ab, seinen Stillstand.

Dann der große Einschnitt mit Ende dreißig. Er beginnt die Ausbildung bei Karin und macht sehr schnell Fortschritte. Sein Aussehen ändert sich, er fährt endlich ein tolles Auto, er trifft schnell und präzise Entscheidungen, er genießt seine Erfolge und erfährt Glück. Der Marathon in New York war einer der großartigsten Augenblicke seines Lebens. Schaut er mit Abstand auf diese Zeit, erinnert er sich nur an die Höhepunkte. Seine Überwindungen, sein Zögern, das Aufschreiben und Verbrennen, sein Lamentieren und seine Bedenken, kurzum: *All seine Widerstände* kommen ihm nicht mehr in den Sinn.

Dann kommt der Bruch. Yvonne taucht auf und seine aufgestauten Gefühle strömen wie Wasser durch geöffnete Schleusen in den See der Glückseligkeit. Dieser See, so seine Vorstellung, sollte sich zu einem ruhigen, aber stabilen Fluss entwickeln. Im Moment fühlt er diesen See jedoch versiegen, austrocknen und zu einem armseligen Rinnsal werden. Im schwierigsten Moment taucht Karin wie aus dem Nichts auf. Sie ist da, während sich seine Freundin vergnügt.

Karin kommt jeden Tag und Thomas beginnt zu erzählen. Von sich, von Yvonne, seinem Leben mit ihr. Sie hört ihm aufmerksam zu und stellt nur vereinzelt ein paar treffende Fragen. Unter Schmerzen lernt er langsam wieder laufen. Jeden Tag ein paar Schritte mehr, bis er mit seinen Krücken auch Treppen steigen kann.

Der Unbekannte

Er hat einen Termin auf dem Polizeirevier und Karin begleitet ihn. Die beiden Polizisten vom Unfallort erkennen ihn sofort wieder. Thomas kann sich immer noch nicht erinnern. Er sieht zum ersten Mal Fotos des Unfallhergangs und wird blass. Er sieht schlimm aus. Karin nimmt seine Hand. Autoteile, Scherben und Flüssigkeiten sind auf der Fahrbahn auf mindestens 300 Metern wild verteilt. Der Wagen ist völlig demoliert. Der junge Polizist sagt nicht ohne Stolz, dass dies der heftigste Unfall seiner bisherigen Laufbahn gewesen sei. Als er den Wagen am Unfallort gesehen hat, habe er nicht geglaubt, dass irgendein Insasse den Aufprall überlebt haben könnte. Aber sie hätten Thomas relativ unbeschadet auf dem Fahrersitz gefunden.

Thomas lässt sich den Unfall genau beschreiben und zuckt plötzlich. Beide Polizisten erzählen ihm übereinstimmend von einem Mann, der in seinem Auto auf der Rückbank gesessen hat. *Er würde sich um Thomas kümmern. Sie bräuchten sich keine Sorgen machen*, hatte dieser Unbekannte gesagt. Die Polizisten vertrauten ihm und ließen ihn allein bis die Feuerwehr Thomas aus dem Wagen schnitt. Der unbekannte Mann verschwand so plötzlich wie er gekommen war. Niemand hat ihn je wieder gesehen.

Diese Geschichte arbeitet in Thomas Kopf. Er wusste, dass irgendetwas an dieser Geschichte nicht stimmte. Mitten in der Nacht schreckt er auf und holt den Umschlag mit den Unfallfotos aus seinem Nachttisch. Die Polizisten haben übereinstimmend gesagt, sie hätten mit einem Mann auf dem Rücksitz gesprochen, nur hatte das Auto nach dem Unfall gar keinen Rücksitz mehr. Die Rückbank war komplett zerstört. *Dort hinten kann niemand gesessen haben.* Das einzige, was noch halbwegs erhalten war, war der Fahrersitz. Sogar das Dach war von der Wucht des Aufpralls komplett weggerissen worden.

Nach der schlaflosen Nacht ruft er Karin an und macht sie auf diese Erkenntnis aufmerksam. Karin lächelt nur und sagt: „Es geschehen Dinge auf dieser Welt, die mit dem Verstand nicht zu begreifen sind!"

Am nächsten Tag steht plötzlich der Meister im Krankenzimmer und wünscht Thomas gute Besserung. Nach ein, zwei Einführungsätzen kommt er schnell zum Thema. „Dir muss klar sein, dass man so einen schweren Frontalunfall eigentlich nicht überlebt. Du musst für etwa eine Zehntelsekunde die Welt um dich herum angehalten haben, während es dein Auto komplett zerlegt hat. Wenn so viel Energie im Spiel ist, werden manchmal Dinge sichtbar, die normaler Weise nicht zu sehen sind. Dazu braucht es aber ein sehr hohes Energieniveau."

„Du selbst hast eine Stimme gehört und die Polizisten haben den Unbekannten bei dir gesehen. Interessanterweise haben beide Polizisten gleich lautend behauptet, dass hinter dir im Auto jemand saß, der gesagt haben soll: *Ich kümmere mich um ihn.* Daraufhin sind beide gegangen. Fakt ist, dass das nicht sein kann, denn die Rückbank war völlig zerstört. Trotzdem haben zwei Menschen, unabhängig voneinander, einem fiktiven Unbekannten geglaubt und es war für beide völlig normal, sich umzudrehen und wegzugehen."

„Im Klartext: Zwei Polizisten sehen einen Schwerverletzten in einem zerstörten Autowrack liegen und sagen ‚*okay, hier scheint alles in Ordnung zu sein, wir gehen wieder*'. Sie finden überhaupt nichts dabei, so als wäre das das Normalste der Welt. Das ist ein typisches Zeichen, wenn du auf ein energetisches Phänomen triffst. Diese Phänomene sind nicht nur in deinem eigenen Gehirn, andere Menschen können sie dir bestätigen. Normalerweise sind sie nicht zu sehen, aber sie wirken. Man kann sie Engel, Schutzgeister, Verbündete oder sonst wie nennen. Sie werden nur sichtbar, wenn sehr, sehr viel Energie da ist. Kurzzeitig sind dann die Pforten zwischen den Welten offen. Und im Moment des Unfalls war offensichtlich sehr viel Energie im Spiel."

„Was heißt das für mich?", fragt Thomas stark beeindruckt. „Erstens hast du viel Beschützer-Energie gehabt." Der Meister blickt kurz auf Karin, die verlegen nach unten schaut. „Karin hat wohl doch nicht alle Energie zu dir abgeschaltet. Und zweitens war es noch nicht deine Zeit zu sterben. Du hast noch einige Aufgaben im Leben zu erledigen. Menschen, die so geschützt werden, haben die Verpflichtung, dem Leben und damit anderen Menschen etwas zurückzugeben. Oder anders ausgedrückt: aus ihrem Leben etwas zu machen. Wenn das Leben dich hätte abberufen wollen, hätte es sich nicht derartige Umstände gemacht!"

Zwei wichtige Entscheidungen

Thomas liegt bereits die zweite Woche im Krankenhaus. Die Tage dort sind zwar nicht unbedingt angenehm, doch bieten sie ihm Zeit, über vieles nachzudenken. Thomas stellt fest, dass er sich sehr intensiv mit seiner Ausbildungszeit bei Karin beschäftigt, viel mehr als mit Yvonne und seiner aktuellen Partnerschaft. Zum ersten Mal stellt er die Beziehung ernsthaft infrage und sucht nach dem Sinn.

Für Yvonne hat er viel aufgegeben, sehr viel, wie es ihm jetzt scheint. Wenn er ehrlich ist, ist nicht sie das Problem. Er wollte es mit Macht und unter allen Umständen so haben. Wie sagt Karin immer so schön: *Er wollte ums Verrecken recht haben*. Und nun wäre er beinahe verreckt. *Verdammt*. So wörtlich wollte er vieles in seinem Leben lieber nicht nehmen. Wieder fallen ihm ein paar Sätze von Karin ein: „Du musst aufpassen, was du verursachst. Bringst du ein Bild und das passende Gefühl zusammen und schießt dort Energie hinein, setzt du eine sehr massive Ursache. Gib Acht, was du für Ursachen setzt. Sie könnten wahr werden." Seine Ursachen hinsichtlich Yvonne sind alle wahr geworden.

Genau in diesem Moment geht die Krankenzimmertür auf und Yvonne kommt herein. Sie beugt sich über ihn und küsst ihn auf die Stirn. Sie sieht gut aus, braungebrannt, sportlich und ein wenig übernächtigt. Sie lächelt, aber er merkt sofort, dass etwas nicht stimmt. Es ist eine Distanz da, die es vor dem Urlaub nicht gab. Nach dem ersten Informationsaustausch folgt der berühmte Satz: „Schatz, ich muss dir etwas sagen!"

Er lehnt sich zurück und schaut sie an. Er kann immer noch gut verstehen, warum er sich in sie verliebt hat. Holprig und mit etlichen Pausen gesteht sie ihm ihren Seitensprung und das Bedürfnis, sich von ihm zu trennen. Es tue ihr leid und sie hätte es ihm gerne hier im Krankenhaus erspart, doch es hätte wenig Sinn, ihm ihre Entscheidung erst später mitzuteilen. Am Ende ihrer Ansprache wird ihr Tonfall eindeutig und hart. Sie hatte die Trennung bereits fest beschlossen, schon vor diesem letzten Gespräch mit ihm. Allein. Sie legt ihm seinen Wohnungsschlüssel auf die Ablage des Krankenbetts und geht. Thomas schaut ihr ein letztes Mal nach und eine Woge des Selbstmitleids übermannt ihn. Das war nun das schäbige Ende einer großen Liebe.

Als er mit Karin über das Ende der Beziehung spricht, sagt sie: „Auch du hast damals Yvonne einem anderen Mann ausgespannt. Warum glaubst du, soll es dir jetzt anders gehen?" Das hat gesessen. Und recht hatte sie auch noch.

Nun war er wieder allein. Allein mit sich und seiner Zukunft. Was sollte aus ihm werden? Echte Fortschritte hatte es nur gegeben, als er noch Schüler war. Natürlich könnte er noch eine Weile abwägen und hin und her überlegen, aber seine Entscheidung stand fest. Als er Karin im Krankenhaus sah, wusste er, dass er wieder Schüler werden wollte. Er wollte es nach diesen Erlebnissen unbedingt. Er wollte etwas aus seinem Leben machen. Und er wollte Karin und dem Meister zeigen, dass sie sich nicht in ihm getäuscht haben.

Karin nickt, wie der alte Meister, behäbig mit dem Kopf. „Was macht dich so sicher, dass du dir nicht die nächste hübsche Frau schnappst und genau denselben Unsinn machst wie mit Yvonne?" Entschlossen antwortet Thomas: „Du hast mir selbst gesagt, Sicherheit gibt es nicht. Dieser Fehler hat mich sehr viel gekostet, vielleicht sogar einen Teil meiner Beweglichkeit und Gesundheit. Das will ich nie mehr erleben!"

„Wer's glaubt, wird selig", hätte Karin beinahe gesagt, biss sich aber auf die Lippen. Ein alter Spruch ihrer Mutter, den diese immer dann hervorholte, wenn sie Zweifel an den großzügigen Versprechen ihrer Kinder hatte. Karin war bereit, Thomas als Schüler wieder aufzunehmen. Sie machten einen neuen Vertrag und Thomas rang nach Luft, bei welchem Betrag sein Unterbewusstes eingeschlagen hat. „Das Leben hat noch Großes mit dir vor, also wird es dich auch großzügig unterstützen", tröstete ihn Karin.

Thomas macht Fortschritte

Thomas Wunden heilten außergewöhnlich schnell. Morgens und abends versetzte er sich in einen meditativen Zustand und schickte seine ganze Energie in seine Wunden und Frakturen. Er sah sich bereits wieder durch den Wald joggen. Zwar lief er noch an Krücken durch das Krankenhaus, rollte aber den Fuß so ab, als würde er gleich los sprinten. Jeden Tag vergrößerte er sein Laufpensum.

Nach drei Wochen wurde er entlassen und kam in eine Rehaklinik. Dort ging es mit wenigen Übungen pro Tag los, doch dank seiner guten Fortschritte steigerte sich sein Sportprogramm zügig. Ihm tat alles weh. Seine Muskelmasse hatte durch das viele Liegen abgenommen und schmerzte beim Trainieren. Thomas biss täglich die Zähne zusammen. Seine Mitstreiter waren nett, doch er hielt sich mit Kontakten sehr zurück. Er hatte zu viel mit sich selbst zu tun.

Unter anderem machte er sich Gedanken über seine Geldsituation. Sein Chef hatte ihm zwar ins Krankenhaus einen riesigen Blumenstrauß schicken lassen, doch ob dieser lange Ausfall nicht doch Auswirkungen auf seine Karriere haben würde, war ihm nicht klar. Vor dem Unfall war die berufliche Situation richtig gut. Er hatte einige neue Projekte bekommen, die nun liegen blieben.

Die Ausbildung bei Karin kam hinzu. Ein Sonderangebotspreis war das nicht gerade. Wie sollte er das alles schaffen? Stopp, sofort Stopp! Wenn er so weiterdachte, würde er nicht nur trübsinnig werden, sondern auch Zustände verursachen, die er nicht haben wollte. Er erinnerte sich an die Maßnahmen zum Thema Verursachung. Er setze sich in sein Zimmer und schrieb mehrere DIN-A4-Seiten über seine berufliche Zukunft und über Geld. Jeden Abend vor dem Einschlafen stellte er sich vor sein Fenster. Er legte seine Krücken zur Seite und las mit aller Energie, die er aufbringen konnte, seine Zielvorstellungen laut vor.

Schon am ersten Tag in der Rehaklinik fiel ihm eine hübsche, schüchtern wirkende, junge Frau auf. Sie hatte den rechten Arm bandagiert und saß ihm beim Frühstück schräg gegenüber. Manchmal lächelte sie ihn an, schaute aber sofort wieder weg. Zuerst schellten alle Alarmglocken und seine innere Stimme sagte mit erhobenem Zeigefinger: *Vorsicht, pass auf, was du tust.*

Er ruft Karin an und erzählt ihr davon. „Was willst du von ihr?", fragt Karin sofort. „Ich weiß nicht genau", antwortet er unschlüssig, „sie wirkt so zerbrechlich und ich habe fast das Gefühl, ich müsse sie beschützen." „Lass dir Zeit und finde heraus, was dich genau anspricht", rät Karin. „Beobachte dich. Solange du über alles, was du tust, reden kannst und nichts verheimlichen musst, bist du nicht manipulativ, also auf der sicheren Seite. Lerne sie kennen."

„Ich soll sie kennenlernen?", Thomas ist verwundert. „Ich bin nicht diejenige, die dir Frauenverbot erteilt", grinst Karin am Telefon. „Ich schreite nur ein, wenn du versuchst, Blödsinn zu machen."

Der Kontakt zur schüchternen Eva ist zwar schwierig, weil sie sehr zurückhaltend ist, doch er tut Thomas gut. Meist erzählt er. Zum ersten Mal spricht er über seine Ausbildung bei Karin. Eva hört aufmerksam zu. Zusammen gehen sie im Park spazieren. Es ist angenehm mit ihr. Er ist entspannt und locker.

Das Leben liefert

Eines Nachmittags klingelt sein Fimenhandy. Eine fremde Nummer erscheint auf dem Display. Ein Herr Meyer aus Frankfurt meldet sich bei ihm. Sie hatten sich auf dem Managementseminar vor einem halben Jahr kennengelernt. Thomas erinnert sich. Meyer gehört zu einer sehr innovativen IT-Firma, die ihn seit vielen Jahren interessiert. Sie unterhalten sich 20 Minuten. Er bietet Thomas die Stelle eines Geschäftsführers an und lädt ihn zum Vorstellungsgespräch ein. Als Thomas ihm erklärt, dass er gerade in der Rehaklinik ist und dort wohl noch die nächsten zwei Monate bleiben muss, schweigt Meyer. Thomas erwartet die Absage. *Denn wer stellt schon jemanden ein, der frisch operiert ist und auf Krücken geht?* Und bei dem gar nicht wirklich klar ist, ob er je wieder richtig laufen kann?

Zu Thomas Überraschung lässt sich Meyer nicht von seinem Vorhaben abbringen, ein Vorstellungsgespräch zu vereinbaren. Wenn es sein muss, dann eben mit Krücken in der Rehaklinik.

Thomas lässt sich von Karin einen vorzeigbaren Anzug in die Klinik bringen und präsentiert sich den beiden Firmeninhabern von seiner besten Seite – und auf Krücken. Kurzum, er bekommt die Stelle in Frankfurt. Mit einem nach hinten verschobenen Eintrittstermin. Beide Inhaber wollen ihn unbedingt haben, auch weil sie tief beeindruckt davon sind, wie er mit dem Unfall und dessen Folgen umgeht. Mit den Tantiemen wird Thomas fast doppelt so viel verdienen wie in seiner alten Firma. Er kann es kaum glauben. Magie, Energie und Verursachung scheinen perfekt zu funktionieren. Er ist überglücklich.

Evas Adresse steckt in seinem kleinen Terminkalender. Sie wohnt in Wiesbaden, unweit von Frankfurt. Sie hat die Rehaklinik schon vor einer Woche verlassen. Vielleicht werden sie sich wieder sehen, wer weiß?

Epilog

Seit zwei Wochen schreitet Thomas in seinem neuen Büro über einen flauschigen Teppich hin zu seinem großen, modernen Schreibtisch. Er geht bereits relativ gut ohne Krücken. Er humpelt nur noch leicht und die Ärzte sind optimistisch, dass er im nächsten Jahr wieder einen Marathon laufen kann.

Jeden Morgen stellt ihm seine Sekretärin eine silberne Thermoskanne mit frischem Kaffee hin und fragt, was sie sonst noch für ihn tun könne. Sie ist schon lange in der Firma und ihm eine große Stütze. Die Arbeit ist gut und fordert ihn heraus. Ein neues Auto musste er nach seinem Unfall nicht kaufen. Gleich am ersten Tag in der neuen Firma bekam er einen Geschäftswagen. Ein großzügig motorisierter BMW mit gehobener Ausstattung. Er hat es geschafft.

Sein Telefon klingelt. Ein Headhunter bietet ihm eine Position an mit der Option, in die Vorstandsriege eines großen Energieunternehmens aufzusteigen. Die Spezifikation dieser Stelle passt zu ihm, als wäre sie für ihn gemacht. Thomas lehnt sich zurück, lächelt und denkt an die Jahre, in denen er so etwas für völlig unmöglich gehalten hat.

Der zweite interessante Anruf an diesem Morgen stammte von einem begabten, aber eher unscheinbaren Mitarbeiter mit viel Potenzial. Er bat Thomas um ein Gespräch. Er will erfolgreicher werden und benötigt dazu Anleitung. Thomas musste schmunzeln. Irgendwie erinnerte es ihn daran, wie er selbst vor wenigen Jahren gewesen ist. Er hat dem jungen Mann einen Termin gegeben.

Thomas überlegt außerdem ernsthaft, seine Manuskripte und Aufzeichnung, die er in den Jahren mit Karin niedergeschrieben hat, zusammenzufassen und sie als Buch zu veröffentlichen. Vielleicht wird er ja noch ein erfolgreicher Buchautor? Zumindest kann es nicht schaden, wenn er sich ein entsprechendes Ziel setzt. Mal sehen, was Karin dazu sagt.

Eva hat er noch nicht angerufen. Aber er wird es heute Abend tun …

Nachwort

Berufsbedingt lese ich sehr viele Bücher, die sich mit den Themen Selbsterfahrung, Lebenskunst, positives Denken, Weisheit, Erleuchtung, Erfolg, Lebenssinn und so weiter beschäftigen. Mich interessiert, was andere zu sagen haben. Mein Vorteil ist, dass ich sehr schnell lesen kann. Das ist auch notwendig, denn in den letzten Jahrzehnten hat es eine regelrechte Inflation dieser Bücher gegeben. Das Bemerkenswerte ist, dass in allen guten Büchern immer dieselben, grundsätzlichen Aussagen stehen.

Seit Tausenden von Jahren haben alle Weisen dieser Welt dasselbe gesagt. Sie haben eine Welt beschrieben, die sich sehr von der alltäglichen Welt unterscheidet, wie du und ich sie kennen und wahrnehmen. Aber immer wurde die gleiche Welt beschrieben. Eine Welt mit eigenen, universellen Lebensgesetzen. Eine Welt voller Magie, in der wir nicht nur Teilnehmer und Beobachter sind, sondern Schöpfer. Eine Welt, in der die Wahrheit offensichtlich ist, aber gleichzeitig doch verborgen. Erkennbar, aber nicht verstehbar. Eine Welt, in der die Grenze von Realität und Traum nicht sehr scharf gezogen ist. Aber immer ist es eine Welt, in der wir nicht als Opfer agieren müssen, sondern in der wir selbst gestalten, formen, erschaffen. Eine Welt, in der Lebensglück und Lebenssinn nicht von allen anderen abhängig sind, sondern nur von uns selbst. Eine Welt, in der der Wille und die Gedanken wichtiger und mächtiger sind als alle Widerstände und Tatsachen. Ich meine dabei die Art von Tatsachen, die immer als Begründung dafür herhalten muss, dass wir nichts ändern können, dass alles immer schon so war, dass wir das niemals können oder schaffen …

Die Wahrheit ist paradox. Jede Wahrheit. Eine einzige, universelle Wahrheit, die immer und überall gilt, gibt es nicht. Und gleichzeitig gibt es eine einzige, präzise Wahrheit. Wir können jederzeit genau feststellen, was hier und jetzt wahr und was falsch ist. Die Wahrheit ist wie der Lichtpunkt eines Laserstrahls, mit dem bestimmte Punkte auf einer Projektionsfläche angestrahlt werden, um etwas zu markieren. Dieser Lichtpunkt verändert sich. Er ist mal da und mal dort. Manchmal bewegt er sich langsam, manchmal schnell.

Die Wahrheit kann heute hier und morgen dort sein. Etwas kann heute wahr, morgen falsch und übermorgen wieder wahr sein. Sogar wenn zwei Personen zu einem Zeitpunkt das Gleiche sagen, kann es bei der einen Person wahr, bei der anderen falsch sein. Zum Glück leben wir in einem sehr trägen Universum, so dass die Änderung des Wahrheitspfeils meist sehr langsam geht. Manchmal ändert er sich aber auch sehr schnell. Zum Beispiel in chaotischen Systemen, wie innerhalb sozialer Strukturen, Partnerschaften, Aktienkurse … Also überall, wo es „menschelt".

Wir haben glücklicherweise ein Werkzeug, das uns jederzeit erlaubt zu erkennen, wo sich der Wahrheitspfeil gerade exakt befindet. Das ist unser Geist, unser Gehirn. Wenn wir es schaffen, das ewig schnatternde Gedankenradio unseres Egos abzuschalten, dann wird Wahrheit offensichtlich. Das Mittel dazu ist Meditation. Wenn wir dagegen recht haben wollen, oder eigene Vorstellungen und Überzeugungen verteidigen müssen, dann verdunkelt sich die Wahrheit und wir sehen tatsächlich nur noch uns selbst und den Widerschein unserer eigenen Wahrheit.

Jede Wahrheit, die wir festnageln und zur allgemeinen und ewigen Wahrheit machen, wird irgendwann einmal falsch. Beispiel gefällig? Jeder weiß, dass jeden Morgen die Sonne aufgeht. Eine trivialere und einfachere Wahrheit gibt es nicht. Sogar die Bibel beginnt damit. Wenn man nun eine solche Wahrheit in ein heiliges Buch schreibt, dann ist sie zementiert. Doch irgendwann kommt jemand auf die Idee, dass gar nicht die Sonne aufgeht, sondern die Erde sich unter der feststehenden Sonne hinweg dreht. Ja, noch besser: Die Erde dreht sich sogar selbst um die Sonne. Aus der Wahrheit ist schlagartig etwas Falsches geworden. Und schon hat man sich gegen die ewige Wahrheit vergangen und wird wegen Ketzerei verbrannt. Das passiert, in abgewandelter Form, auch heute noch. Nur wird man heute nicht mehr physisch verbrannt, sondern gesellschaftlich, durch die Medien oder die öffentliche Meinung.

Zurück zur Wahrheit. Ist es wirklich falsch, dass jeden Morgen die Sonne aufgeht? Nein, es ist nur eine andere Sichtweise. Stellen Sie sich die Wahrheit als einen großen Käsesahnekuchen vor, der alles gleichzeitig enthält. Ja und Nein, Gut und Böse, stimmt oder stimmt nicht. Mit diesem ganzen Kuchen können wir nichts anfangen, denn unser Verstand kann mit Paradoxien per definitionem nicht umgehen. Der Kuchen ist als Ganzes unverdaulich und wir müssen ihn erst in kleine, handliche Stücke schneiden, bevor wir ihn verspeisen können.

Wir sind in der Lage Paradoxien (und damit den ganzen Kuchen) zu begreifen, nicht aber sie zu verstehen. Ähnlich dem Paradoxon von der „Henne und dem Ei. Was war zuerst da?". Niemand kann die Frage rational beantworten, aber schon jedes fünfjährige Kind begreift den Zusammenhang. (Ja, ja, Ihr Neunmalklugen, das Ei gab es schon bei den Dinosauriern, die vor der Henne existierten. Doch das Beispiel ist einfach zu gut, um es nicht zu verwenden …).

Es kommt also darauf an, wie wir den Schnitt in der Wirklichkeit machen. Man kann die Schnitte beliebig ansetzen. Deshalb hat auch jeder seine eigene Wahrheit. Manche Schnitte sind besser als andere. Ein guter Schnitt sollte möglichst widerspruchsfrei, knapp und elegant sein und vor allen Dingen auch hilfreich. Und es wäre schön, wenn man aufgrund dieses Schnitts mehr oder weniger exakte Vorhersagen über die Zukunft treffen könnte – also wo sich der Wahrheitspfeil in Zukunft befinden wird. Wenn all diese Bedingungen erfüllt sind, dann kommt dabei ein schönes, einfaches Ergebnis heraus. In diesem Fall ein gutes Buch.

Auf den einzelnen Seiten dieses Buches sind ausgewählte Sahnestücke der Wahrheit verteilt. Manchmal ausführlich als kompletter Abschnitt mit eigener Überschrift, manchmal aber auch nur als einzelner Absatz. Jeder dieser Absätze beinhaltet selbst genug Stoff für ein eigenes Buch. Sie sollen jedoch einen umfassenden Überblick erhalten, der handlich und lesbar bleibt. Eingebettet sind diese Wahrheiten in die Geschichte eines jungen Mannes namens Thomas. Die Geschichte könnte aber genauso gut von einer jungen Frau mit Namen Monika handeln. Oder von Ihnen. Die Geschichte ist universell.

Ich hoffe, Sie hatten an der Lektüre genauso viel Freude wie die Autorin beim Schreiben!

Meister Peter

Ankündigung

Im Spätsommer 2010 erscheint das zweite Buch von Heidi Prochaska mit dem Titel: Entscheide dich!